中国文明の歴史

岡田英弘

講談社現代新書

1761

目次

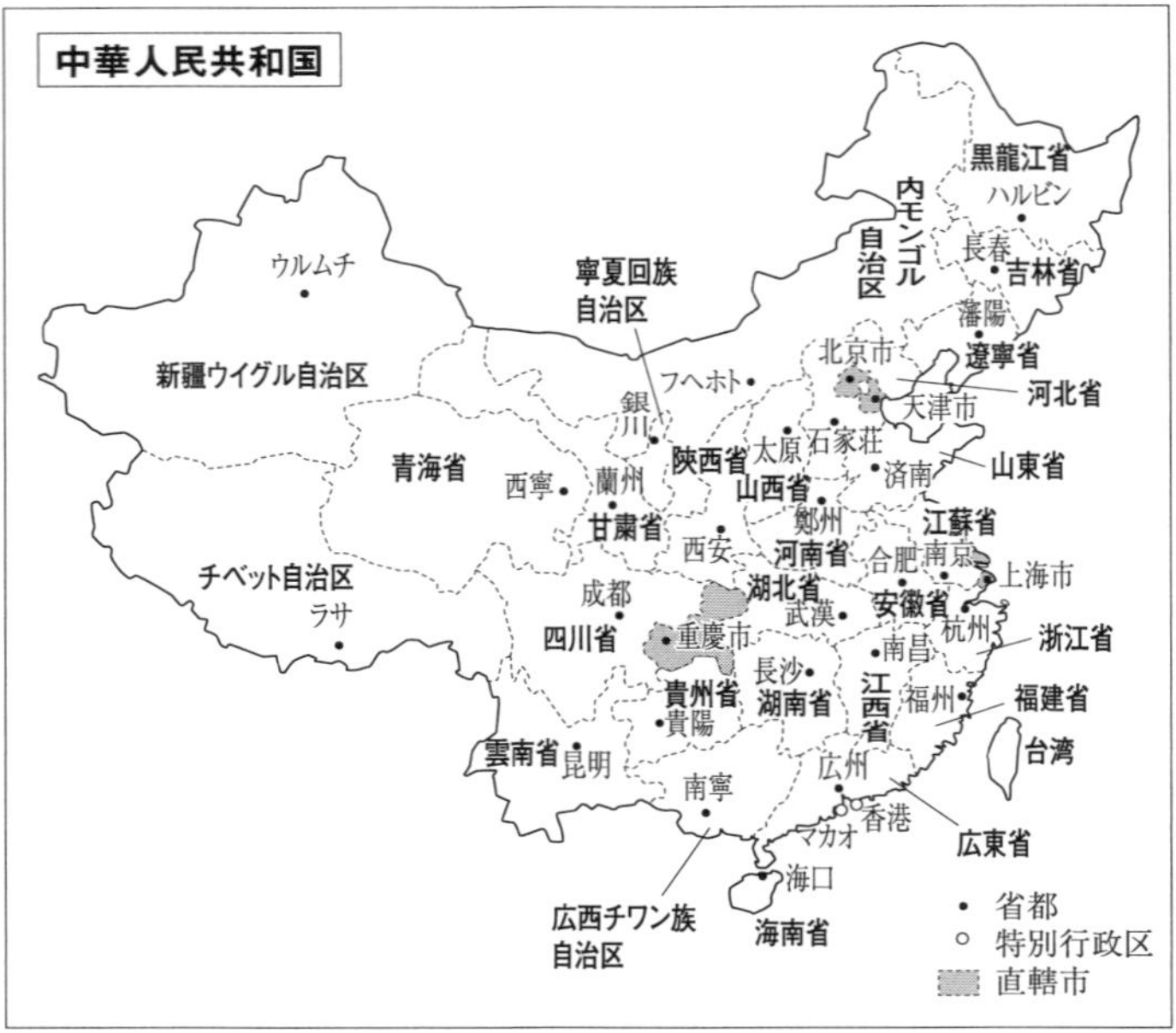

中華人民共和国
黒龍江省
ハルビン
内モンゴル自治区
長春
吉林省
瀋陽
遼寧省
寧夏回族自治区
ウルムチ
新疆ウイグル自治区
北京市
フヘホト
河北省
天津市
銀川
石家荘
太原
陝西省
山東省
青海省
済南
西寧
蘭州
山西省
鄭州
江蘇省
甘粛省
西安
河南省
合肥
南京
上海市
チベット自治区
湖北省
成都
安徽省
ラサ
武漢
杭州
浙江省
四川省
重慶市
南昌
長沙
江西省
貴州省
福州
福建省
湖南省
貴陽
雲南省
台湾
昆明
広州
南寧
香港
マカオ
広東省
海口
広西チワン族自治区
海南省
省都
特別行政区
直轄市

序章　民族の成立と中国の歴史

一　中国とは何か

本来の意味は首都

現在の日本人は、「中国」は「中国人」の「民族国家」だ、と考えるのが普通である。しかし、これが大いに問題である。まず第一に、「中国」とはなにかを問題にしなければならないし、「民族国家」とはなにかを問題にしなければならない。

そもそも漢字で「中国」というのは、なにを指すのか。

その最初の意味は、「国」の「中」である。「国《こく》」は、日本語の「くに」を意味するより以前に、城壁をめぐらした「みやこ」を意味した。その証拠に、紀元前四世紀後半の哲学者・孟軻《もうか》の説を編纂した『孟子《もうし》』の「万章《ばんしょう》下篇」に、「国《こく》に在るものを市井《しせい》の臣という」といい、その注釈に「国《こく》とは、都邑《とゆう》をいうのである」といっている。また『礼記《らいき》』の「礼《れい》運《うん》篇」にも、「国《こく》には学《がく》（学校）がある」といい、その注釈に「国とは、天子の都《みやこ》するところをいうのである」という。

そもそも「国《こく》」の本字の「國」は、もとは「或《わく》」だった。外側の「くにがまえ」の四角は、すなわち城壁をあらわし、内側の「或」の音の「ワク」「コク」は、武器を持って城壁を守る意味をあらわす。つまり「国」は「みやこ」なのである。

ただしのちに「国」は「邦《ほう》」と同じになった。「邦」は「方《ほう》」と同じで、「あの方面」「この方面」を指し、「国」よりは広くて、日本語の「くに」にあたる。これは、紀元前二〇二年に皇帝の位に登った漢の高祖の名が「劉邦《りゅうほう》」といったので、「邦」を発音すれば失礼に当たる。それで「邦」を避けて「国」ということになった。そのために「国」が「くに」の意味になったのである。

それで「国」が「みやこ」だとして、いったい「中国」とはどこなのか。

紀元前六世紀末に哲学者・孔丘《こうきゅう》（孔子《こうし》）がみずから編纂したという『詩経《しきょう》』の「大雅《たいが》」の「生民之什」に、「この中国を恵《いつくし》み、もって四方を綏《やす》んず」という詩があり、その注釈に「中国とは、京師《けいし》である」といっている。京師とは、首都のことである。まんなかの「みやこ」だから、首都の意味になるのは当然である。

中国と蛮夷

「中国」の本来の意味は首都だった。それがやがて首都よりも広い意味に使われるようになった。漢の太史令・司馬遷《しばせん》が、紀元前一〇四年の暦の改革を記念して書きはじめたという『史記《しき》』の「孝武本紀《こうぶほんぎ》」と「封禅書《ほうぜんしょ》」に、紀元前一一三年のこととして、「天下《てんか》の名山は八つであって、その三つは蛮夷《ばんい》にあるが、五つは中国にある。中国は華山《かざん》・首山《しゅざん》・太室《たいしつ》・泰山《たいざん》・東萊《とうらい》で、この五山は黄帝《こうてい》が常に遊び、神と会したところである」とある。「天下」は、いまの「中国」と同じ意味で、人間の住む世界を意味する。それが「蛮夷」と「中国」にわかれるが、「蛮夷」は、「中国」の住民とは生活習慣が異なった人の意味である。その「蛮夷」の住む世界に、三つの名山があり、残りの五つの名山が「中国」にあるという。

この「中国」は、いまの陝西《せんせい》省の渭河《いが》の流域からはじまって、河南《かなん》省の黄河《こうが》の中流を通り、山東《さんとう》省にいたる、東西に細長い地帯である。まず「華山」は、陝西省の華陰《かいん》県の南にあり、五岳《ごがく》の一つとして「西岳《せいがく》」と呼ばれた。「首山」は、すなわち神話の黄帝がその銅を採って荊山《けいざん》の下に鼎《かなえ》を鋳たという「首山」で、河南省の襄城《じょうじょう》県の南にある。「太室」は、同じく河南省の登封《とうほう》県の北にあって、別名を「嵩山《すうざん》」といい、同じく五岳の一つとしては「中岳《ちゅうがく》」と呼ばれた。「泰山」は、山東省の泰安《たいあん》県の北にあり、五岳の一つとしては「東岳《とうがく》」と呼ばれ、有名な東方の名山である。最後に「東萊」は、一名を「萊山《らいざん》」といい、同じ山東省の黄《こう》県の東南にあり、戦国《せんごく》の斉《せい》国はここで月主《げつしゅ》を祠《まつ》った。あとの「蛮夷」の三名山がなにかは記されていないが、とにかくこうした東西に細長く伸びる地帯が、紀元前一〇〇年ごろの「中国」だったのである。

Chinaの語源は秦

そういうわけで、最初「中国」は、夏《か》・殷《いん》・周《しゅう》の昔から都のあった陝西省・河南省・山東省に限られていたのが、それがのちにひろがって、いまの「中国」を指すようになったのだが、これには、十七世紀の満洲人《まんしゅうじん》と、現代の日本人の影響がある。

まず満洲人だが、一六一六年にヌルハチが後金国《こうきんこく》を建ててから、清《しん》の順治帝《じゅんちてい》の世になるまでほぼ三十年間、山海関《さんかいかん》の東で独立していた。それが一六四四年、明《みん》が自分でかってに滅びて、中国を統治する者がないので、順治帝が北京《ペキン》に入って玉座に坐ったのである。こうして統合された満洲と中国を、満洲語で「ドゥリンバイ・グルン」(dulimbai gurun)といった。「ドゥリンバ」は「まんなか」、「イ」は「の」、「グルン」は「国」の意味で、漢字では「中国」と書いた。これに対して、そのほかのモンゴルや、チベットや、トルコ語を話すイスラム教徒は、「トゥレルギ」(tulergi)と総称されたが、これは「そと」という意味で、漢字では「外藩《がいはん》」(外の垣根)と書いた。これが三番目の「中国」の意味である。

第四の「中国」、すなわち現代でいう「中国」は、日本語の「支那《しな》」から来ている。いまの「中国」という呼び方の起源について説明しよう。現在の中国の国土の中央部には、春秋《しゅんじゅう》・戦国《せんごく》の時代には多くの国が割拠していた。秦《しん》の始皇帝《しこうてい》が紀元前二二一年にこれらを統一して、最初の皇帝になった。それで外国人はそこを「秦」、その人民を「秦人」と呼んだ。秦は紀元前二〇六年に滅んだが、その称呼は永く残った。

漢《かん》の武帝《ぶてい》が紀元前八九年に、詔を下して外征をやめたなかに、「匈奴《きょうど》が馬の前足と後足を縛って城下におき、馳せて『秦人よ、我は汝《なんじ》の馬を乞う』と言った」という一句がある。これは紀元一世紀の後漢《ごかん》の歴史家・班固《はんこ》の著わした『漢書《かんじょ》』の「西域伝《さいいきでん》」に出ている。これによって、漢代になっても、匈奴など外国人が中国を「秦」、中国人を「秦人」と呼んでいたことがわかる。

この「秦」が、ペルシア語に入って「チーン」(Chin)となり、アラビア語に入って「シーン」(Sin)となった。インドの諸語では、「チーナ」(Cina)が「秦」、「チーナスターナ」(Cinasthana)が「秦国」という意味で、これが後漢で仏教の経典が漢訳されはじめると、「チーナ」が「支那」、「チーナスターナ」が「震旦《しんたん》」と音訳された。

いっぽう、ポルトガル人は、一四一五年のセウタ攻略から、アフリカを回る航路に力を入れはじめた。一四八七年にはバルトロメウ・ディアスが喜望峰《きぼうほう》に到達し、一四九八年にはヴァスコ・ダ・ガマがインドのカリカットに到着している。そのインドで、ポルトガル人は、もっと東のほうにチーナという国があり、芸術が栄えていることを聞いた。ポルトガルガル人が実際にチーナの商船に出逢ったのは、一五一一年、マレー半島のマラッカを占領してからである。一五五七年、ポルトガル人はチーナ、すなわち明の嘉靖帝《かせいてい》から、マカオ（澳門）に定住することと、通商の許可を得ている。

こうしてポルトガル語から、他のヨーロッパ語にチーナの名が広がった。いまの中国を英語で「チャイナ」（China）といい、フランス語で「シーヌ」（Chine）といい、ドイツ語で「ヒーナ」（China）といい、イタリア語で「チーナ」（Cina）というのは、みんなポルトガル語が起源である。

支那から中国へ

日本では、一七〇八年、イタリアのシチリア島生まれの宣教師ジョヴァンニ・バッティスタ・シドッティ（Giovanni Battista Sidotti）が、日本布教を志して、和服帯刀姿で屋久島に単身で上陸した。彼はただちに捕らえられて、翌年、江戸で六代将軍・徳川家宣《いえのぶ》を補佐していた新井白石《あらいはくせき》に四回訊問され、小石川のキリシタン屋敷に幽閉されて、一七一四年死んだ。

新井白石は、シドッティの語ったことをもととして、『采覧異言《さいらんいげん》』（一七一三年）、『西洋紀聞《せいようきぶん》』（一七一五年）を著わし、ヨーロッパ人の知識に基づいて世界の形状を描写したが、そのなかに日本人が「漢土《かんど》」とか「唐土《とうど》」とかいうものを、ヨーロッパ人は「チーナ」といっていることに注目し、古い漢訳仏典で「支那」と音訳されているものを探しだしてこれに当てた。それから日本では、「チャイナ」などの訳語として「支那」が定着し、だれもかれもが「支那」を使うようになった。

一八五四年、日本は開国し、熱心に西洋化の路を突き進んだ。清国はこれを軽蔑していたが、一八九四年から翌一八九五年にかけて、日清戦争が起こった。これに敗れた清国は大いに衝撃を受け、日本を手本に西洋化に乗りだし、翌一八九六年、第一陣の留学生を日本に派遣してきた。それ以後年々増加した留学生は、日本人が自分たちの故郷を「支那」と呼んでいることを、留学してみてはじめて知った。これまで清国には、皇帝が君臨する範囲を呼ぶ称呼がなかったので、はじめは日本人の習慣に従って、自分たちの国土を「支那」、自分たちを「支那人」と呼んだ。

しかし、「支那」は意味をあらわさず、表意文字である漢字に乗せるには都合が悪い。「支」といえば「庶子《しょし》」、「那」といえば「あれ」のことになってしまう。そこで「支那」に代わって「中国」を、意味を拡張して使うようになった。これは十九世紀の末から二十世紀はじめにかけてのことだが、ここにいたってはじめて「中国」が全国の称呼として登場したのである。

二　中国文明五つの時代

国民国家の誕生

「中国」の起源が「支那」であるとして、つぎは「中国人の民族国家」に移ろう。

現代日本語は、多くはヨーロッパ諸語の言い換えだが、実は「民族」はどのヨーロッパ語にもない。「民族国家」は、「国民国家」(nation-state) のことなのである。

「国民」は、中国ではあまり古い例がないが、ヨーロッパではどこの言葉にもある。英語では「ネイション」(nation) であり、フランス語では「ナシオン」(nation) であり、ドイツ語では「ナツィオーン」(Nation) だが、そのもとの言葉はラテン語の「ナーティオー」(natio) で、「生まれ」を意味する。地中海世界と西ヨーロッパでいちばん古い大学は、イタリアのボローニャ大学で、これらの大学ではラテン語で教育が行なわれた。そこでは出身地域別の学生の互助組織としてナーティオーが結成された。すなわち「ナーティオー」

とは、「地方出身」の意味であった。それが十九世紀の日本で、「国民」の意味に転用されたのである。

つぎに「国家」である。「国家」は、中国では、はじめは「国と家」、「公的生活と私生活」を意味する対語であったが、後漢末になって「皇帝陛下」、「天子さま」の意味になった。

一七八三年にアメリカの英国植民地が独立して、一七八九年にジョージ・ワシントンが初代のアメリカ合衆国大統領に就任した。独立十三州はそれぞれ「ステイト」(state)とか「コモンウェルス」(commonwealth)とか称した。英語の「ステイト」は、フランス語の「エタ」(état)、ドイツ語の「シュタート」(Staat)と同じで、ともにラテン語の「スタトゥス」(status)から出ている。「スタトゥス」は「立っていること、位置、地位、身分、財産」の意味で、王の財産を乗っ取って市民の財産にしたので、こういうのである。「コモンウェルス」にも、「市民の共有財産」という、同じ考えがあらわれている。

同じ一七八九年に、ヨーロッパ大陸のフランスにも革命が飛び火して、バスティーユ襲撃となり、やがて一八〇四年にナポレオン・ボナパルトが皇帝になってフランス革命が終わる。ここで「財産＝国家」(state)の理念上の所有権者として、「国民」(nation)が考えだされ、「国民国家」(nation-state)が誕生した。

そういうわけで、われわれ日本人が考えるような意味での「国民」という概念は、十八世紀末のアメリカ合衆国の独立と、フランス革命以後に発生したものである。それまでの王の世襲財産の総体としての王国（kingdom）にかわって、国民国家（nation-state）、つまりはっきりした国境をもち、その内側に住む人びとはみな同じ言語を話し、同じ国民として連帯意識をわかちあう、一つの中央政府のもとに統合される共和国の観念が出現して以来のものである。

漢字がつなぐ中国文化圏

現在のわれわれが「中国」と呼ぶ、東アジアの大陸部においても、事情は同じである。現在の中国、すなわち中華人民共和国の国民の大多数は「漢族《かんぞく》」と分類されている。その他のいわゆる少数民族は、チワン（壮）族、回族、ウイグル族、イ（彝）族、チベット族、ミャオ（苗）族、満（満洲）族、モンゴル族などと区別されている。これでみると、いかにも漢族という名の単一種族が存在しているようにみえるが、それは少数民族との対照の上でそうみえるだけである。

十九世紀末～二十世紀はじめの日本では、日本人はすべて天照大神《あまてらすおおみかみ》の子孫であるという思想が正統とされていた。これをみならった中国人は、漢族はすべて、神話の最初の帝王、黄帝の血をひく子孫であると主張し、中国は「黄帝の子孫」たる「中華民族」の国だという観念が発生した。これは、一八九五年、日清戦争で清朝の中国が日本に敗れ、近代化、西欧化に踏み切ってからのことであって、それまでは、現在「漢族」と呼ばれている人びとのあいだにさえ、同一民族としての連帯感など存在していなかった。

そうした「血」や「言語」のアイデンティティのかわりに存在したのは、漢字という表意文字の体系を利用するコミュニケーションであって、それが通用する範囲が中国文化圏であり、それに参加する人びとが中国人であった。

五つの時代区分

そういうわけで、本書は、漢族を中心とした中国人の、国民の歴史としての中国史、という形を取らない。ここでは、近代的な中華民族とか漢族とかいう観念の形成される以前の時代を中心に、現在の中国に相当する地域に生きたいろいろな種族と、彼らの生きた環境について論じるものである。

東アジアの大陸部に、「支那＝中国」(China) と呼んでもいいような政治的統一体がはじめて完成したのは、いうまでもなく、前二二一年の秦の始皇帝による統一からである。ここにはじまった中国の歴史は、それぞれの時代において「中国」の観念が適用されうる

中国史の５つの時代

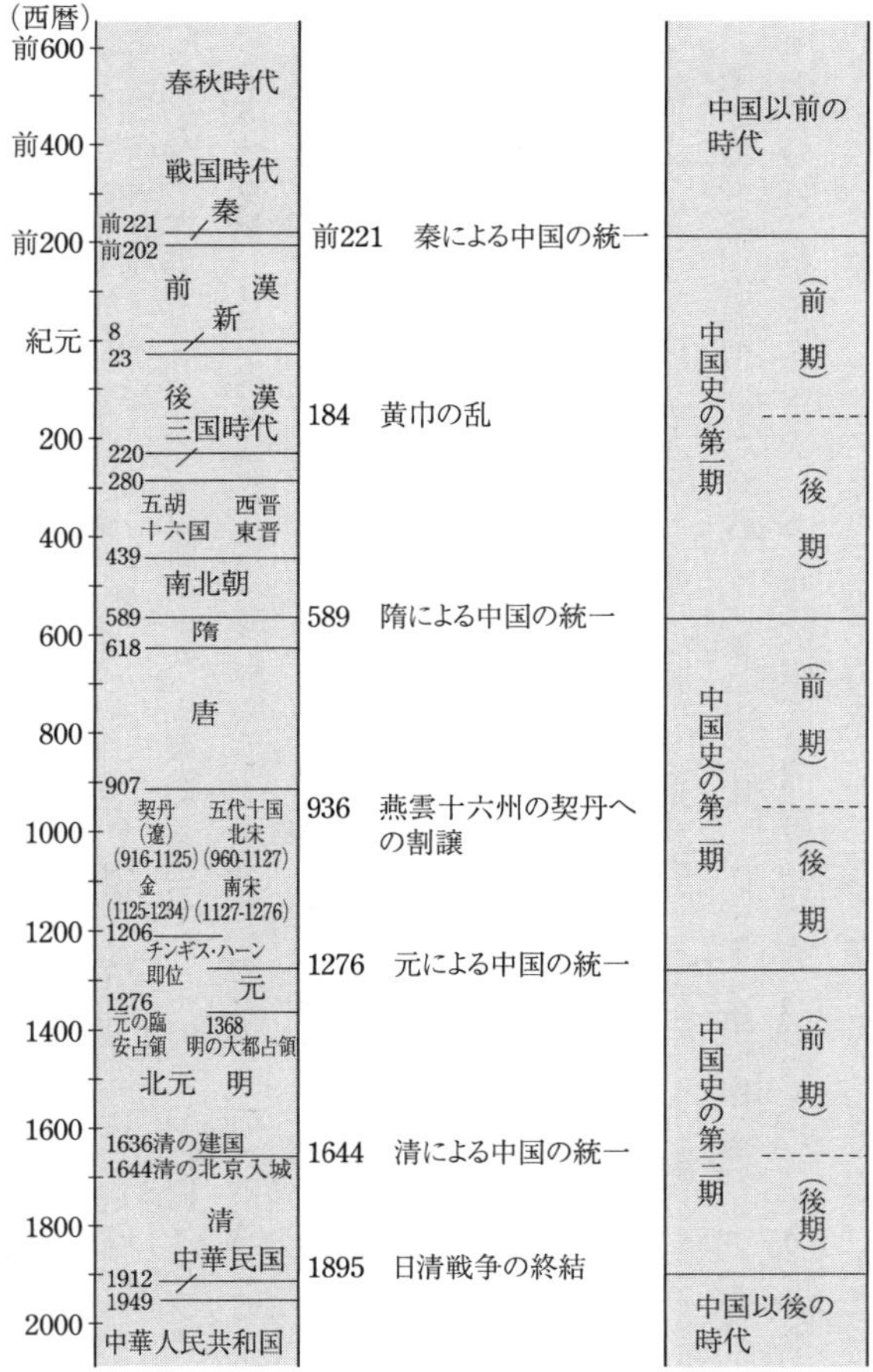
（西暦）
前600
前400
前200
紀元
200
400
600
800
1000
1200
1400
1600
1800
2000
春秋時代
戦国時代
秦
前221
前202
前　漢
新
8
23
後　漢
三国時代
220
280
五胡十六国
西晋
東晋
439
南北朝
589
隋
618
唐
907
契丹（遼）(916-1125)
五代十国
北宋(960-1127)
金(1125-1234)
南宋(1127-1276)
1206
チンギス・ハーン即位
元
1276
元の臨安占領
1368
明の大都占領
北元
明
1636清の建国
1644清の北京入城
清
中華民国
1912
1949
中華人民共和国
前221　秦による中国の統一
184　黄巾の乱
589　隋による中国の統一
936　燕雲十六州の契丹への割譲
1276　元による中国の統一
1644　清による中国の統一
1895　日清戦争の終結
中国以前の時代
中国史の第一期
（前期）
（後期）
中国史の第二期
（前期）
（後期）
中国史の第三期
（前期）
（後期）
中国以後の時代

地域のひろがりと、「中国人」にふくまれる人びとの範囲を基準として区分すると、三つの時期にわけられる。

前二二一年の秦の始皇帝による最初の統一から、五八九年の隋の文帝による再統一までを第一期、一二七六年（本書では杭州の陥落をもって南宋の滅亡とした）の元の世祖《せいそ》フビライ・ハーンによる南北統一までを第二期とし、それから一八九五年の日清戦争の敗戦までを第三期として、ほぼ八百年、七百年、六百年の三つの時期にわけて考えるのが、考察に適している。

したがって、前二二一年より前の時代は、「中国」以前の時代ということになる。この時代が、のちの漢人の祖となったいろいろな種族が接触して商業都市文明をつくりだした時代であった。また一八九五年よりのちの時代は、「中国」以後の時代といえ、中国人にとっての歴史が「中国」の範囲を超え、外のできごとや影響によって左右されるようになった。

以下、順を追って、中国以前の時代（？～前二二一年）、中国史の第一期（前二二一～後五八九年）、中国史の第二期（五八九～一二七六年）、中国史の第三期（一二七六～一八九五年）、中国以後の時代（一八九五年～　）の、それぞれの時代における文明のあり方を検討してみよう。

第一章　中国以前の時代

——諸種族の接触と商業都市文明の成立

一　中国文明の原型

神代の五帝

中国で最初に通史を書いた歴史家は、前一世紀のはじめに『史記《しき》』をつくった司馬遷《しばせん》だが、その『史記』の冒頭には「五帝本紀《ごていほんぎ》」という一篇があって、歴史のはじまりに東アジア世界に君臨した、黄帝《こうてい》、帝顓頊《せんぎょく》、帝嚳《こく》、帝堯《ぎょう》、帝舜《しゅん》という五代の「帝《てい》」の理想の治世を描いている。

それによると、黄帝は、生まれながらにして神霊で、若いのによくしゃべった。黄帝は、炎帝《えんてい》と戦ってこれに勝ち、蚩尤《しゆう》と戦ってこれを殺したので、諸侯が尊んで天子とした。東西南北の山に登り、北のかた葷粥《くんいく》（匈奴《きょうど》）を逐《お》った。琢鹿山《たくろくざん》（河北《かほく》省の琢鹿県の西南）の下に都したが、遷徙《せんし》し往来するばかりで常処がなく、師兵をもって営衛とした。黄帝は二十五人の息子があり、そのうち十四人はそれぞれの姓の祖となった。

帝顓頊は、黄帝の孫である。

帝嚳は、黄帝の曾孫である。

帝尭は、帝嚳の息子である。帝尭は、天に従って日・月・星辰《せいしん》を数え、一年を三百六十六日とし、閏月《うるう》をおいた。そのときに洪水が天に届きそうになったので、鯀《こん》という人を挙げてこれを治めさせたが、九年たってもうまくいかなかった。そのあいだに帝尭は老いて、舜という人を後継者にし、二人の娘を嬀水《きすい》(山西省《さんせい》の永済県《えいさい》)に下して嫁入りさせた。舜は、帝尭の摂政となって、渾天儀《こんてんぎ》(天の形をあらわした器械)を使って日、月、五つの遊星を測定し、上帝や神々を祭り、鯀を東方の羽山《うざん》で殺した。帝尭が死んで、舜があとを継いだ。

帝舜は、帝顓頊の六世の孫である。帝舜は、二十二人の名臣を挙げて官にしたが、そのなかでも禹《う》の功が大きく、九山を開き、九沢を通じ、九河を決し、九州を定めた。帝舜は南に旅行して、蒼梧《そうご》の野に死に、江南の九疑《きゅうぎ》に葬ったが、これが零陵《れいりょう》(湖南《こなん》省の零陵県)である。以上が「五帝本紀」のあらましである。

「帝」というのは、何かというと、この字に「口」をつけると、「適《てき》」「敵《てき》」「嫡《てき》」の旁《つくり》になることからわかるように、もともと「配偶者」の意味であって、都市の始祖母神の夫と考えられた天の神のことである。だから「五帝本紀」の描くものは神代であって、人間世界の歴史の時代ではない。

伝説のもっとも古い層で、最初の人間界の王朝とされていたのは、禹という王にはじまる夏朝《か》である。

いまのところまだこの伝説の王朝の実在を証明する遺物や遺跡は確定していないが、歴史時代に入っても、この王朝の子孫を名のる集団や都市が実在していたから、夏朝も実在したものと考えられる。この夏朝が、黄河中流の渓谷に沿った、洛陽《らくよう》盆地に中心をおいて、東方、東南方、南方にのびる内陸の水路を伝わってひろがる商業都市網を支配する、東アジアの最初の広域政治組織になったのである。

二　黄河文明——黄河と洛陽盆地

水路の体系化

黄河中流の渓谷に都市文明が発生したのは、この地方の生産力が高かったからではない。むしろ黄河が交通の障碍《しょうがい》だったからである。

黄河は、青海《せいかい》省の高原に源を発して東方に流れ、積石山《しゃくせきざん》（A mye rma chen）を迂回してから、東北に方向を転じて甘粛省《かんしゅく》の南部を横断し、寧夏回族《ねいかかいぞく》自治区でモンゴル高原に出て、陰山《いんざん》山脈の南麓を東方に流れる。

古くは黄河はこのまま内モンゴル自治区を東へ流れて、桑乾河《そうかんが》水系となって、北京市で渤海《ぼっかい》湾に落ちていたのだが、のち、地殻の変動のために、方向を転じた。そして、急流となって南下し、山西省と陝西《せんせい》省の高原をわけつつ、秦嶺《しんれい》山脈の北麓に衝突し、ここで渭河《いが》を奪略して東方にむかう。

このあたりまでは両岸は黄土《おうど》層の断崖絶壁で、ところによっては百七十メートルも垂直にそそり立っており、しかも急流だから、渡河に適するところはほとんどない。ところが黄河が洛陽盆地の北を過ぎるころになると、両岸は低くなって渡河に適するようになる。

これが開封《かいほう》市の北に達するころは、河北の山西高原も河南《かなん》の秦嶺山脈もつきて、一望の大平原に出る。そうなると流速は急激に落ちて、それと同時に、水にふくまれる多量の土砂が河底に沈澱《ちんでん》する。河水一立方メートルにふくまれる土砂は、年平均三十四キログラムもあり、これが堆積するので、河底は百年に三十センチメートルの割合で高くなり、天井川となって氾濫を起こしやすくなる。過去三千年間に、黄河は二年に一回の割で氾濫し、多大の災害を人間にあたえてきた。

現在の地図では、黄河は開封市の北から東北に流れて渤海湾に注いでいるが、これは前

煬帝の大運河（江蘇省揚州市）

二二一年の秦の始皇帝による統一以後可能になり、年々営々とつづけられた治水工事の結果なのであって、人工の産物である。

古くは黄河の下流は、開封市の北方で多くの細流にわかれて、北は北京市から南は徐州《じょしゅう》市にいたる河北省、山東《さんとう》省の平原に網の目のごとくひろがっていた。これを九河《きゅうが》という。そしてこうした多数の分流の形成するデルタを九州《きゅうしゅう》と呼んだ。この黄河デルタの南辺は、淮河《わいが》デルタに重なり、淮河デルタの南辺は長江《ちょうこう》デルタ（江西《こうせい》省の九江《きゅうこう》市以東）に重なる。

というわけで、黄河、淮河、長江の下流の多くの分流や、それらが形成する多くの湖沼の複雑にからみあった水路を上手に利用すれば、北はいまの河北省、山東省、河南省の平原から、南は江蘇《こうそ》省、安徽《あんき》省、そして浙江《せっこう》省、江西省にいたるまで、いいかえれば、黄河と杭州《こうしゅう》湾のあいだの内陸部を小舟によって航行することができるのである。こうした水路に人工の手を加えて運河とすることは、秦の始皇帝の統一とともに行なわれ、隋《ずい》の再統一ののち煬帝《ようだい》によって営まれた大運河の開通は、そうした水路を体系化したものであった。

南船と北馬が出会うところ

しかしそうした南北交通の利便とはうらはらに、黄河の氾濫と水路の激変は、いわゆる「中原《ちゅうげん》」の低地の住民の生命を絶えずおびやかしてきたのであった。そのため水利工事以前の時代の古い聚落《しゅうらく》は、すべて河辺を離れた山の中腹か丘陵の上に営まれた。古代の都市国家の分布をみると、山西高原の東縁をなす太行《たいこう》山脈の東麓に沿っているし、その東方では、平原のなかに顔を出しているいくつかの丘陵の上に都市国家が建設され、山東省の泰山《たいざん》山塊にいたっている。

この地域では海抜高度がきわめて低いために、地下水位は高いが、塩分を多くふくんで水質が悪く、人の飲用に適する水を得ることが困難である。現在でも、地図をみると、中国の南北をむすぶもっとも重要な鉄道幹線である京広《けいこう》線は、東方の平原部を通らず、西寄りの太行山脈沿いに走っているし、東方の渤海湾岸に近づけば近づくほど、聚落はまばらになり、人口が稀薄になることがみてとれる。つまり「中原」とはいいながら、平原部は人間の生存にあまり適しない環境なのである。

これに反して、秦嶺山脈の東端に近く抱かれる洛陽盆地は、黄河の氾濫の危険に直接おびやかされることもなく、それを貫流する洛河《らくが》とその支流伊河《いが》は、原始的な技術で十分に灌漑《かんがい》工事の可能な規模であった。それればかりではない。もっと重要なことに、洛陽盆地は東アジアの南北をむすぶ陸路と水路の結節点にあたっていたのである。

先に述べたとおり、洛陽盆地よりも西では、黄河はその両岸の険しさと急流とで、交通の障碍になるし、また洛陽盆地の東方では、年々の氾濫と水路の変化によって、これまた交通の障碍になる。ただ洛陽から東方、開封にいたる約二百キロメートルのあいだだけは、流速は緩く、両岸は低く、水路は安定して、南から北へ、北から南への渡河は容易である。

しかもこの区間の北側には、東北アジア、北アジア、中央アジアからの陸上交通路が集中しているし、南側には東シナ海、南シナ海、インド洋に通ずる水上交通路が集中している。「南船《なんせん》・北馬《ほくば》」というが、「南船」と「北馬」が出会うのが、この洛陽盆地を中心とする黄河中流の岸辺なのである。

三　絹の道と毛皮の道、海上の道

水陸交通の要衝

洛陽盆地から北に黄河を渡ると「河内《かだい》」の地である。ここから羊腸坂《ようちょうはん》を登って山西高原の上に出、南から北へ太原《たいげん》の盆地、忻《きん》県の盆地、代《だい》県の盆地、大同《だいどう》の盆地を通って南モンゴルの草原に出る。

ここで路は二つにわかれ、西にむかえば甘粛回廊の北側を通って天山《てんざん》山脈の東端に達し、そこから同山脈の北麓に沿って、イリ河の渓谷、チュー河の渓谷をへてシル・ダリヤ河畔に出る。この辺からアラル海の南側、カスピ海の北側を回って、ヴォルガ河、ドン河で黒海に出てもいい。またシル・ダリヤ河畔から南下してアム・ダリヤ河を渡ればイラン高原で、ティグリス河、ユーフラテス河を上流で横切れば、地中海の東岸に出る。これが「絹の道」であることはいうまでもない。

南モンゴルから西北に、ゴビ砂漠を横断して、ケンテイ山脈に達してトーラ河を下るか、またはオンギーン河経由でオルホン河に出れば、北モンゴルの中心部である。

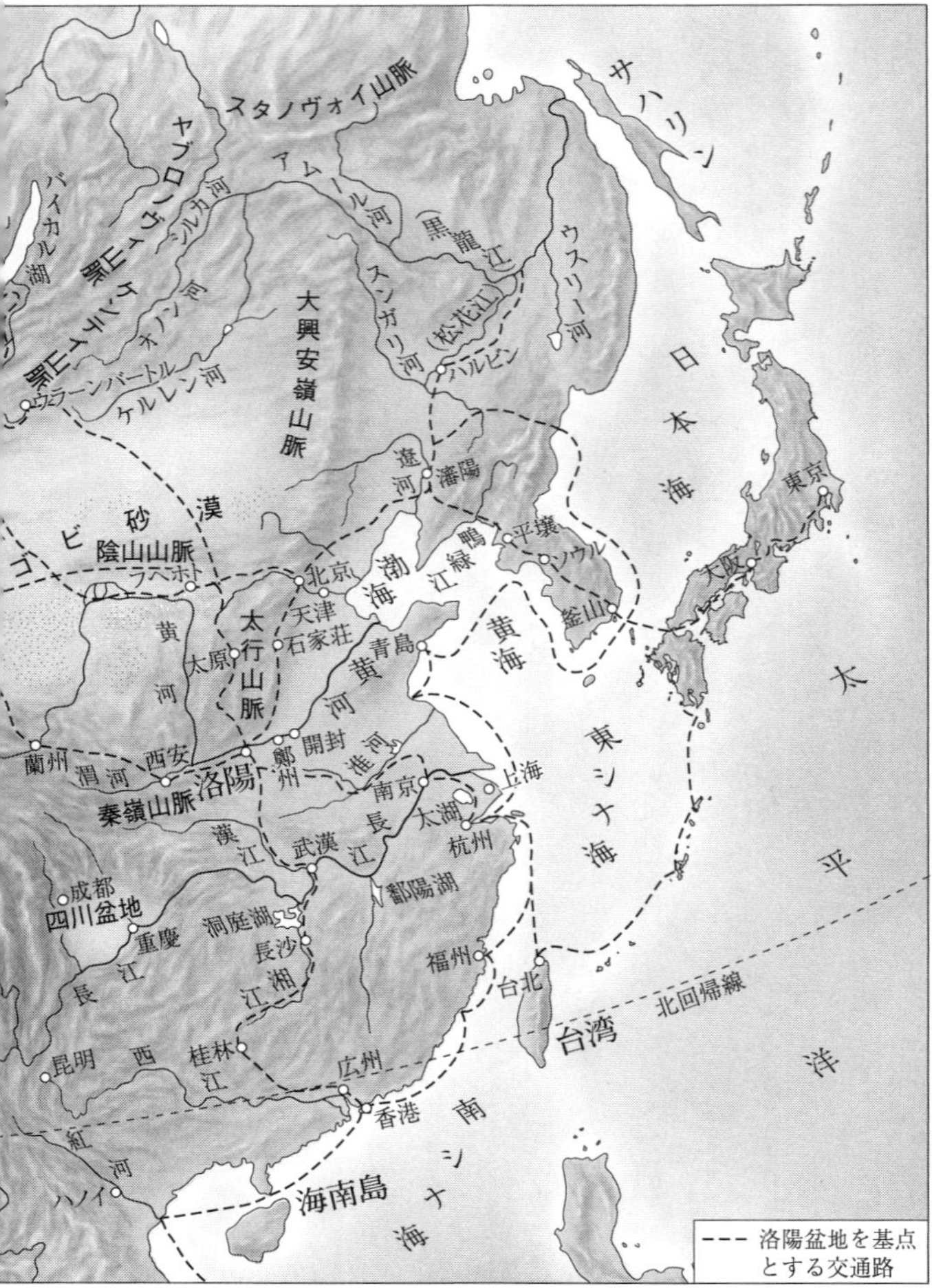

東アジアの地勢と洛陽盆地を基点とする交通路

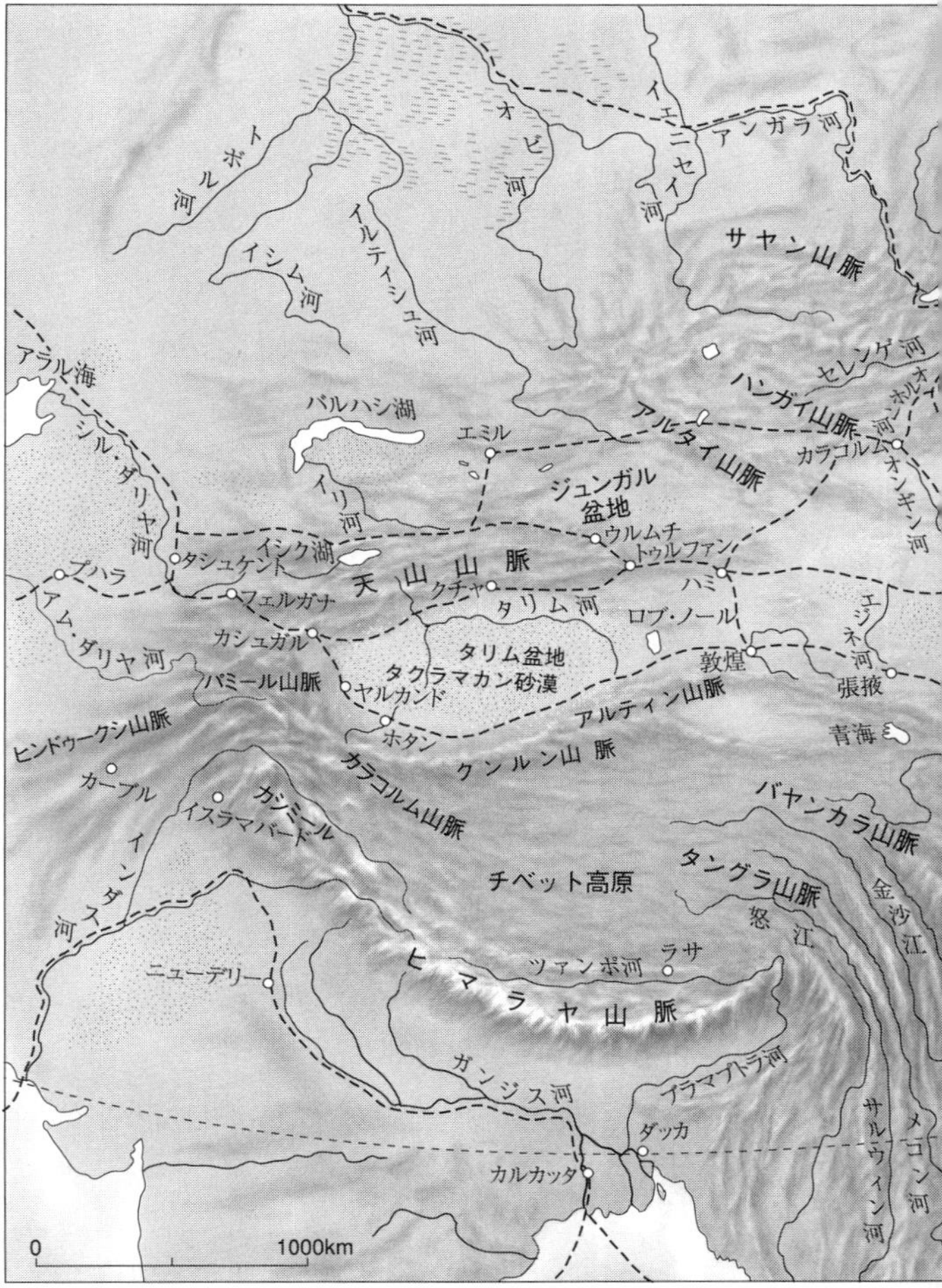

トボル河
イシム河
イルティシュ河
オビ河
イェニセイ河
アンガラ河
サヤン山脈
セレンゲ河
オルホン河
ハンガイ山脈
アルタイ山脈
カラコルム
オンギン河
アラル海
シル・ダリヤ河
バルハシ湖
イリ河
エミル
ジュンガル盆地
ウルムチ
トゥルファン
ハミ
イシク湖
タシュケント
ブハラ
天山山脈
クチャ
フェルガナ
アム・ダリヤ河
タリム河
ロプ・ノール
エジネ河
カシュガル
タリム盆地
タクラマカン砂漠
敦煌
張掖
パミール山脈
ヤルカンド
アルティン山脈
青海
ヒンドゥークシ山脈
ホタン
クンルン山脈
カーブル
カラコルム山脈
カシミール
イスラマバード
バヤンカラ山脈
インダス河
チベット高原
タングラ山脈
金沙江
怒江
ニューデリー
ヒマラヤ山脈
ツァンポ河
ラサ
ガンジス河
ブラマプトラ河
サルウィン河
メコン河
ダッカ
カルカッタ
0
1000km

ここから西にハンガイ山脈、アルタイ山脈を越えれば天山山脈の東端に達して、先にいったルートを通って「絹の道」に接続する。また北モンゴルから、セレンゲ河を下ってバイカル湖に出、アンガラ河を下り、イエニセイ河との合流点からケチ河を下ってオビ河に出、オビ河を下り、イルティシュ河との合流点からイルティシュ河をさかのぼり、トボル河に入り、さらにトゥラ河に入って、その河源でウラル山脈を越えれば、カマ河の上流である。

カマ河からヴォルガ河をさかのぼればバルト海に出るし、ヴォルガ河を下ればドン河をへて黒海に出る。これが古来のシベリアの「毛皮の道」である。

このように、洛陽盆地から北へ山西高原をへてモンゴル高原に出る貿易路は、地中海、黒海、バルト海につながっているのである。

朝鮮半島・日本列島ルート

洛陽盆地から河内をへて、東北にむかって太行山脈の東麓に沿って進むと、北京で路は二つにわかれる。

西北はモンゴル高原に上る道である。東北は、灤河《らんが》の渓谷に入り、平泉県《へいせん》で山を越えて、遼寧省《りょうねい》の凌源県《りょうげん》に達する。凌源県から大凌河《だいりょうが》を下ると遼河《りょうが》デルタに出る。ここで大きく迂回して、瀋陽《しんよう》市の西北で遼河を渡る。

瀋陽からは道は南北にわかれる。北にむかえば、松花江《しょうかこう》を下ってアムール河に出るし、松花江をさかのぼって図們江《トウメンこう》から日本海に出てもいい。これは東北中国、東部シベリアの森林で産する朝鮮人参や毛皮が中原に入るルートである。

また瀋陽から遼河の東岸を南下して、遼陽《りょうよう》市に達すれば、ここは朝鮮半島への入り口である。遼陽から東南に陸路をとって、鴨緑江《おうりょっこう》、清川江《せいせんこう》を渡り、大同江《だいどうこう》畔の平壌に達する。

平壌から南は、朝鮮半島を縦断する内陸水路が利用できる。平壌から大同江を下り、江口近くで南から合流する載寧江《さいねいこう》に入る。支流の瑞興江《ずいこうこう》の渓谷から、車嶺《しゃれい》で滅悪《めつあく》山脈を越えて、礼成江《れいせいこう》に出、これを南に下れば、漢江《かんこう》口に出る。江華島《こうかとう》を右にみて漢江を上り、南へ上りつめた忠州《ちゅうしゅう》から、鳥嶺《ちょうれい》で小白《しょうはく》山脈を越えて聞慶《ぶんけい》に出て、洛東江《らくとうこう》を南へ下ると、釜山で朝鮮海峡に出る。

朝鮮海峡を渡り、対馬《つしま》、壱岐《いき》をへて、北九州の博多湾に達し、関門海峡から瀬戸内海を通って大阪湾、それから淀川をさかのぼって琵琶湖に出、日本海にぬけるか、大和川をさかのぼって奈良盆地から伊勢湾へぬけ、太平洋岸沿いに関東地方に達する。これが遼陽から東南にむかう、朝鮮半島・日本列島ルートである。

南道と北道

洛陽盆地から西に進めば、黄河の南の函谷関《かんこくかん》、潼関《どうかん》を通って渭河の渓谷に入り、六盤山《りくばんざん》を越えて黄河の上流に出、そこから甘粛回廊を西北にぬけて玉門関《ぎょくもんかん》を出れば、東トルキスタンである。

ここからタクラマカン砂漠の南辺のチェルチェン、ニヤ、ケリヤ、ホタン、ヤルカンドのオアシスをへてカシュガルに達するのが「南道」、北辺を回って天山山脈の南麓に沿ってハミ、トルファン、カラシャール、クチャ、アクスのオアシスをへてカシュガルに達するのが「北道」で、ともに「絹の道」の東半部を成す。

カシュガルからはパミール山脈を越えてシル・ダリヤ河の上流のフェルガナ盆地に出て、ここで「絹の道」の西半部と接続する。つまり洛陽盆地は、「絹の道」の東端なのである。

洛陽盆地から東南に嵩山《すうざん》を越えれば、登封《とうほう》、禹《う》県で、潁河《えいが》の上流に出る。潁河に限らず、河南省のこのあたりは、西北から東南へむかって平行して流れる多くの淮河の支流があり、いずれも舟行の便がある。禹県から潁河を下って行くと、正陽関《せいようかん》で淮河の本流に合流する。

淮河は東に流れて多くの分流にわかれ、巨大な湖沼やデルタを形成する。これが東南で長江下流のデルタと重なり、南は杭州湾にいたる内陸水路のネットワークになっていることはすでに述べたとおりである。杭州湾からは福建《ふっけん》省の海岸、台湾《たいわん》島、琉球《りゅうきゅう》諸島への海上交通路が出ている。

また淮河デルタの北端は、山東半島の南の海州《かいしゅう》湾におよんでいるが、山東半島の南岸には天然の良港が多く、古くは琅邪《ろうや》が有名であり、いまでは膠州《こうしゅう》湾に臨む青島《チンタオ》市が栄えている。つまり洛陽盆地は、東南方、淮河と東シナ海へのびる内陸水路の出発点なのである。

海上の道へ

洛陽盆地から南へ、伏牛《ふくぎゅう》山塊の東麓を回って南陽《なんよう》市に達すると、ここからは船で白河《はくが》を下り、襄樊《じょうはん》市で漢江《かんこう》に出る。漢江を下ると武漢《ぶかん》市で長江の中流に出る。長江をさかのぼって、岳陽《がくよう》で洞庭《どうてい》湖に入り、湘江《しょうこう》を上りつつ湖南省を南に縦断して、広西《こうせい》チワン族自治区に入ると、湘江の上源は灕江《りこう》の上流に接近し、ここに秦の始皇帝がひらいたという霊《れい》渠《きょ》の運河があって、両江をむすんでいる。灕江を下れば梧州《ごしゅう》市で西江《せいこう》に出る。西江は広《こう》州《しゅう》市の近くで、北江《ほっこう》、東江《とうこう》と合流して珠江《しゅこう》となって、南シナ海に注ぐ。

南シナ海に出てからは、雷州《らいしゅう》半島と海南《かいなん》島のあいだを通ってトンキン湾に入り、インドシナ半島の東岸に沿って南下して、西にシャム湾を横切り、クラ地峡でマレー半島を横断してインド洋に出る。またはマレー半島を迂回してマラッカ海峡を通ってインド洋に出る。

そこからニコバル諸島、アンダマン諸島経由でベンガル湾を横断して、インド亜大陸のマラバル海岸に達し、コモリン岬を回ってアラビア海に入る。あるいはベンガル湾からガンジス（ガンガ）河をさかのぼってパンジャーブに出、インダス（シンド）河を下ってアラビア海に出てもいい。アラビア海からはペルシア湾か紅海に入って、地中海に連絡する。この「海上の道」も、洛陽盆地から南にのびる内陸水路の延長なのである。

このように、洛陽盆地は、東は日本列島、朝鮮半島、東シベリアに連なり、北はバルト海、黒海に連なり、西は中央アジア、西アジア、地中海に連なり、南はインド洋、アラビア海、ペルシア湾、紅海に連なる水陸の交通路が、ことごとく一点に集中するところなのである。

それればかりではない。洛陽盆地はまた、東北アジア、北アジアの寒冷で乾燥した気候帯と、東南アジアの温暖で湿潤な気候帯とが接触する線上にあり、古くから生活形態を異にする諸民族が洛陽盆地をとりまいていたのである。

その線とは北緯三十五度線のことで、チベット高原から東にのびる秦嶺山脈とその北麓の渭河、黄河中流がほぼこれに一致する。この北緯三十五度線は、さらに東方では山東半島の南側で東シナ海に出て朝鮮半島の南端を通り、日本列島の本州を東西に横断して、房総半島から太平洋に出ている。この線が東アジアを東北部と東南部にわけるが、中国大陸では、これが華中《かちゅう》、華南《かなん》の稲作地帯と、華北《かほく》の麦作地帯の境界線になっているのである。

四　中華と四夷

最初の中国人は夏人

中国の古い文献では、非中国人を「蛮《ばん》、夷《い》、戎《じゅう》、狄《てき》」の四つに分類し、それぞれ方角に配当しているが、これは洛陽盆地からみた、それぞれの住地による称呼である。

そのうち「東夷《とうい》」は、黄河・淮河《わいが》の下流域の大デルタ地帯の住民で、農耕と漁撈を生業とする。「夷」の字は「弓」と「大」を合わせてつくられ、その音は「低《てい》」「底《てい》」「柢《てい》」と

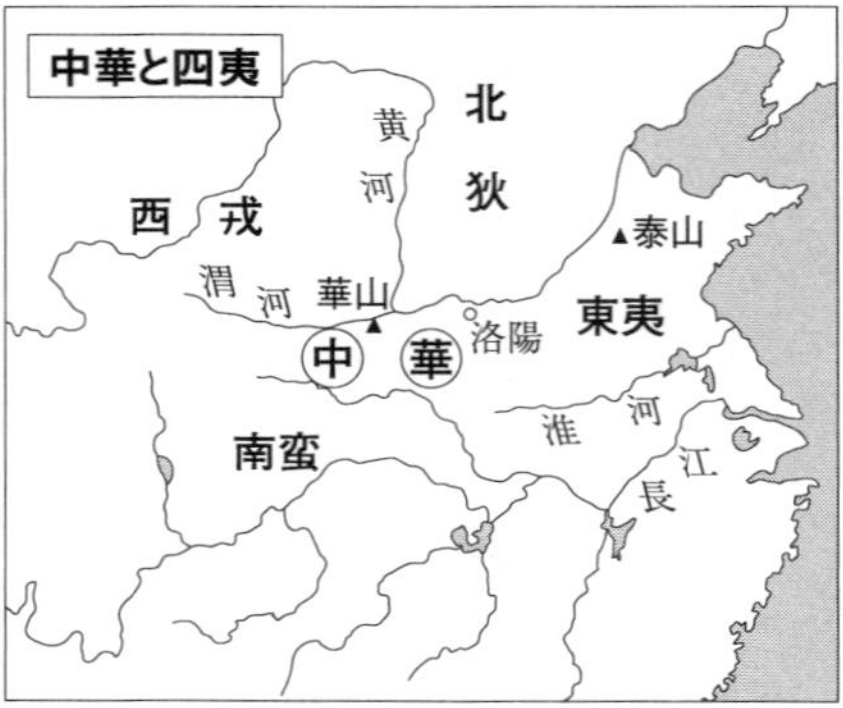

同じで、「低地人」を意味する。

「南蛮《なんばん》」は河南省西部、陝西《せんせい》省南部、四川《しせん》省東部、湖北《こほく》省西部、湖南省西部の山地の焼畑農耕民を意味する。

「西戎《せいじゅう》」は陝西省、甘粛省南部の草原の遊牧民を指す。

「北狄《ほくてき》」は山西高原、南モンゴル、大興安嶺《だいこうあんれい》の狩猟民を指す。この方面は、現在でこそ森林が少ないけれども、古くはカエデ、シナノキ、カバ、チョウセンマツ、カシ、クルミ、ニレなどの森林におおわれていた。この森林に住んでいたのが「狄」だったが、紀元一世紀ごろからモンゴル高原の遊牧民が南下してきたので、家畜に樹皮を食い荒らされて、森林は十三〜十四世紀の元《げん》代までにほとんど消滅した。森林の後退とともに狩猟民の生活圏は遼河以東に限られてしまったのであって、十二世紀の女直《じょちょく》族（日本でふつう用いられる「女真」は宋・高麗・朝鮮の文献による。『遼史』『金史』『元史』『明史』には「女直」とあるので本書はそれによった）のたてた金《きん》朝、十七世紀の満洲《マンジュ》族がたてた清《しん》朝は、遼河以東の森林地帯からおこったのである。

さて、これら四種の生活形態をもつ種族の生活圏が接触するのが、洛陽盆地の近辺である。これら「蛮、夷、戎、狄」、略して「四夷《しい》」にたいして、のちの漢族の遠祖を「中華」というのは、洛陽盆地の西端、洛河の発源する山が「華山《かざん》」であるところからくる。「中華」はまた「諸夏《しょか》」「華夏《かか》」ともいうが、これは黄河文明の最初の王朝であった夏朝にちなむものであって、夏人がすなわち最初の中国人だったのである。

五　夏——「夷」の王朝

水路づたいに文明をもたらす

『史記』の「夏本紀」によると、夏の初代の王を禹《う》といった。禹の父は鯀《こん》である。帝堯《ぎょう》が神々の王であったとき、洪水が世界を浸して天に達し、人民が害をうけた。堯は鯀に治水を任せたが、九年をへても洪水はやまなかった。鯀は殺され、その子の禹が治水事業を引きついだ。尭がなくなって舜《しゅん》が神々の王となった。禹は十三年かかって水路を開き、陸路を通じ、湖沼を掘り、山脈の位置を定めた。つまり、禹は中国の山川を創造した神なのである。

舜は禹を自分の後継者として天に推薦していたが、舜がなくなったとき、禹は舜の子のために遠慮して陽城《ようじょう》（河南省登封県）に引きこもった。しかし諸侯がみな舜の子のもとを去って禹のもとに集まったので、禹はついに即位して、国号を「夏后《かこう》」とした。これが夏王朝のはじまりである。禹は東方に巡幸して、会稽山《かいけいざん》（浙江省紹興《しょうこう》県の南）で死んだ。禹と塗山《とざん》（安徽省蚌埠《ぼうふ》市の南）の女神とのあいだに生まれた子の啓《けい》が第二代の夏后となった。

『史記』は夏の王都がどこにあったのか記さないけれども、啓の子で第三代の夏后の太康《たいこう》が追放されて王位を失ったとき、その五人の兄弟が洛河と黄河との合流点でその帰還を待ち望んだという話があるから、洛陽盆地に王都があったと考えていたらしい。

洛陽盆地から嵩山《すうざん》を南に越えた登封県にも夏人のコロニーがあり、登封県から東南に潁河を下って淮河の本流に出たところから下流の塗山に高祖母神が祀られていて、塗山から淮河の分流と湖沼を伝わって長江に出、さらに長江デルタを通って杭州湾に出ると、その南岸に会稽山がある。会稽山には禹の墓があった。これら西北から東南への内陸水路でむすばれている地帯に夏人の伝説地が分布しているのである。

つまり、夏人は、南方から水路づたいに都市文明を黄河中流域にもたらしたと思われる。その証拠に、歴史時代に実在した夏人の都市は、いずれも秦嶺山脈の南麓の、水路の北端の舟着き場にあった。

夏人の都市

その一つは河南省杞《き》県、すなわち淮河の支流の恵済河《けいさいが》のほとりに位置する町で、ここには春秋《しゅんじゅう》時代に杞国があり、前四四五年に楚《そ》に滅ぼされた。司馬遷の『史記』の「陳杞世家《ちんきせいか》」によると、杞は夏后禹の苗裔《びょうえい》で、その初代の東楼公《とうろうこう》という人は、周《しゅう》の武王《ぶおう》が殷《いん》を征服してから、杞に封じて夏后の祀を奉ぜしめたものであるという。

また陝西省漢中《かんちゅう》県の北の褒城《ほうじょう》の町は、西周《せいしゅう》時代の褒《ほう》国のあったところだが、これは漢江に褒水《ほうすい》が合流するところにある。西周を滅ぼす原因となった幽王《ゆうおう》(在位前七八二～前七七一年)の笑わない后褒姒《ほうじ》の姒は夏の姓である。『史記』の「周本紀」によると、昔、夏后氏が衰えたとき、二匹の龍が夏の朝廷にとどまって、「われわれは褒の二君である」といった。夏后は龍のよだれをもらいうけて箱にいれてしまっておいたが、夏が亡びてこの器は殷に伝わり、殷が亡びて周に伝わった。周の厲王《れいおう》(在位?～前八四一年)がこの器をあけてみたところ、龍のよだれが朝廷に流れてどうしようもなかった。よだれはトカゲに変わって王の後宮に入り、そこで働く女の童《めわらわ》が、乳歯が抜けたばかりの齢でこれに出遇い、のちに年頃になったときに夫もないのに妊娠して、女の児を生んだ。これが長じて褒姒となったとある。

この物語が言っているのは、龍が夏人の祖先神であることと、褒が夏人の国であったことである。褒城から北へ、大散関《だいさんかん》で秦嶺山脈を越えれば、宝鶏《ほうけい》市で「絹の道」に出る。つまり褒国は、漢江で南方につながると同時に、北方では「絹の道」につながっていて、この水陸二つの貿易路の結節点にあたっていた。褒城の南の漢中県は、西周の副都であり、王宮のあった南鄭《なんてい》の故地である。

さらに司馬遷は、『史記』の「貨殖《かしょく》列伝」のなかで、前一〇〇年ごろの中国の人文地理を説いて、「潁川《えいせん》（河南省禹県）、南陽（河南省南陽市）は夏人の居である。夏人の政治は忠実と素朴を尚《とうと》んだので、いまだに先王の風がある。潁川は人情が厚くて素直なので、秦の末世に、扱いにくい民を南陽に遷《うつ》した。南陽は西は武関《ぶかん》（陝西省商《しょう》県の東。渭河渓谷の関中への入口）、郇関《しゅんかん》（陝西省洵陽《しゅんよう》県。漢江渓谷の漢中への入口）に通じ、東南は漢江、長江、淮河をうける。宛《えん》（南陽市）もまた一つの都会である。その風俗は変わったことが好きで、職業は商人が多い。彼らが任侠《にんきょう》で潁川と交通するので、いまにいたるまで夏人と呼ばれている」といっている。これによると、河南省の禹県と南陽が、司馬遷の時代になっても、まだ夏人の都市として知られていたことがわかる。この二つの都市は、秦嶺山脈の南側に位置し、東南方、南方に連なる内陸水路の出発点にあたっている。

龍神を祖とする王朝

前に述べた褒姒の物語にも登場したが、夏朝の諸王には龍にからむ話が多い。『史記』の「夏本紀」によると、夏の第十四代の王の孔甲《こうこう》のとき、天が雌雄二匹の龍を降したが、これを飼うために、劉累《りゅうるい》という人を探しだし、これを御龍氏《ぎょりゅうし》（龍飼い）とした。雌の龍が死んだので、劉累はその肉を孔甲にご馳走した。孔甲はもっと欲しがった。劉累は恐れをなしてうつり去った、という。

龍（grian）はもともと東南アジアのモンスーン地帯の水神で、蛇形をし、その名は東南アジアの諸言語で水路を意味する江（kraŋ）に通ずる。中国で古くから龍を信仰する民として有名だったのが、浙江省、福建省、広東省《カントン》、ヴェトナムの海岸地帯の住民であった越《えつ》である。越は稲を栽培し、米と魚を常食とし、船に乗って海や河川を往来することを得意とする民で、水難を避けるために体に龍の紋様《もんよう》の入れ墨をする風習があった。前四九六年に即位した越王句践《こうせん》の本拠地は、禹の死んだところと伝えられる会稽だったが、『史記』の「越王句践世家」によると、越の諸王は禹の苗裔で、夏の第六代の王の少康《しょうこう》の庶子の子孫であったという。これでも、夏と龍と東南アジアの海洋民族とのむすびつきがわかるが、さらに注意すべきことは、夏王朝のつぎの殷王朝、そのつぎの周王朝、そのつぎの秦王朝を通じて、帝王と龍との結びつきはみられず、漢王朝にいたってふたたび龍が皇帝の象徴として登場することである。

『史記』の「高祖本紀」によると、漢の高祖劉邦《りゅうほう》は豊邑《ほうゆう》(江蘇省豊《ほう》県)の人で、その母が大きな湖のほとりで休んでいるときに、夢で神と遇った。そのとき雷電があって真っ暗になったが、父が行ってみると、母の上に龍がみえた。こうして妊娠して生んだのが劉邦で、生まれつき龍顔であった、という。劉氏は、夏の孔甲の御龍氏となったという劉累との関係を思わせるし、豊県は北緯三十五度線の南、淮河デルタと黄河デルタの接するところにあって、稲作地帯の北限に近い。漢の帝室と龍との関係は、やはりその起源が東南に属するからである。なお、つけくわえれば、夏の始祖の禹の名は蛇を意味し、その父の鯀の名は卵を意味する。つまり夏は龍神を開祖とする王朝なのである。

いずれにせよ、夏は東夷のたてた王朝であった。おそらく漢字を最初に使用したのも夏人であろう。長江下流域の江西省清江《せいこう》県の呉城《ごじょう》から出土した陶器には、現在まで知られている最古の形をした文字が刻まれている。漢字は東南方で発明され、それが夏人によって洛陽盆地にもちこまれて、つぎの殷王朝で甲骨文字に発展したものであろう。

六　殷──「狄」の王朝

東北アジアの狩猟民

夏は十七代の王の桀《けつ》のとき、殷の湯《とう》という王に敗れて追放され、殷王朝がこれにかわった。湯王は亳《はく》（河南省偃《えん》師《し》県）に都したが、ここは洛陽盆地の中心で、洛陽市の東方、洛河の北岸にあり、しかもここの二里頭《アルリートウ》というところから、殷代前期の大宮殿が発見されている。つまり新興の殷王朝は、前代の夏王朝の中心地に本拠をおいたのである。

この新王朝をたてた殷人は、黄河の北から南下してきた、東北アジアの狩猟民であった。『史記』の「殷本紀」によると、殷人の高祖母神は簡狄《かんてき》といい、有娀《ゆうじゆう》氏、つまり戎、すなわち草原の遊牧民の娘であったが、姉妹三人で水浴びに行ったところで、玄鳥《つばめ》が卵を落したのを見、簡狄がこれをとって呑んだところが、孕《はら》んで契《せつ》という子を生んだ、という。

殷墟から出土した車馬（河南省安陽市・殷墟博物苑　写真提供＝中国通信社）

この、女神が野外の水浴で、鳥の姿で天から下った神に感じて妊娠するというのは、大興安嶺以東の東北アジアの森林地帯の狩猟民に共通した始祖神話の形式である。夫餘《ふよ》、高句麗《こうくり》、鮮卑《せんぴ》にも、おなじような話が伝わっている。降って清《しん》朝になると、『旧満洲檔《きゅうまんしゅうとう》　天聡《てんそう》九年』五月六日（一六三五年六月二十日）に、サハリヤン・ウラ（アムール河）方面への遠征で降らせて連れてきた、フルハ人のムクシケが告げたこととして、つぎのような話が伝えられている。

「我の父祖は、代々ブクリ山のふもとのブルフリ湖に暮していた。我等の処には記録はないが、古来の伝説では、そのブルフリ湖に天の三人の娘エングレン、ジェングレン、フェクレンが沐浴に来て、神のカササギが送って来た紅い果実を末娘のフェクレンが見つけて、口に含むと喉に入って身重になって、ボコリ・ヨンションを生んだ。彼の一族がマンジュ国人である。そのブルフリ湖は周囲百里で、黒龍江から一百二三十里ある、云々」

この話のブクリ山とブルフリ湖は、いまの地図で見ると、アムール河のブラゴヴェシチエンスクのあたりであるらしい。これがのちに満洲人の祖先伝説に転用されて、朝鮮との国境、長白山《ちょうはくさん》の話となったのである。

こうした点からみて、殷人が東北アジアの狩猟民、つまり「北狄」の出身であることが知られる。殷人は山西高原を通って南下し、夏王朝を倒したのであろう。董作賓《とうさくひん》の説によれば、殷の建国は前十六〜前十五世紀のころのことか、という。

初代の王、湯、一名天乙《てんいつ》から、第十九代の王、盤庚《ばんこう》にいたるまで、殷の国都は五たびうつったといわれるが、盤庚のとき、太行山脈の東麓、いまの河南省安陽《あんよう》市の近くの殷墟《いんきょ》にうつった。時は前一三八四年という。これから約三百年後、周の武王が殷の最後の王、紂《ちゅう》、一名帝辛《しん》を滅ぼして新しい王朝を樹立する。時期は前一一一一年かという。

七　周・秦・斉――「戎」の王朝

中国統一の地位争い

殷にかわった周は、もともと山西高原の西南部の汾河《ふんが》の渓谷にいた種族だったが、「犬《けん》戎《じゅう》」という遊牧民に圧迫されて西方にうつり、陝西省西部の渭河の上流、岐山《きざん》の麓に定着して、「戎」「狄」のあいだに国をたてた、という。その始祖伝説では、姜原《きょうげん》という女神が野に出て、巨人の足跡を見、心に悦んでこれを踏んだところ、妊娠して子を生み、これを棄てたが、鳥や獣がこれを保護したので、ついに取りあげて育てた、という。姜原の「姜」は「羌《きょう》」で、後世までよく知られた東北チベットの遊牧民の名前である。ただしこの生まれた子が后稷《こうしょく》、すなわち穀物の神であるとしているのは、のちに周人が農耕化してからの変化であって、后稷の子孫の系譜に「高圉《こうぎょ》」「亜圉《あぎょ》」など牧畜の神の名があるのは、本来の周人が農耕民でなかったことを示すものである。

周は武王のときになって、河南省に進出して殷を倒し、その子の成王《せいおう》のときに洛陽盆地に新しい国都（成周《せいしゅう》）を営んで、東方領の支配の中心とした。これはいうまでもなく、洛陽盆地が南北の交通の要衝だったからである。そして前にいったごとく、前七七一年にいたって、周の幽王は犬戎の侵入に遇って滅ぼされ、あとを継いだ平王《へいおう》は洛陽にうつって、ここを正式の国都とし、渭河の渓谷は放棄された。

東遷した周にかわって、渭河の渓谷に発展したのは、やはり「戎」の出身の秦である。秦の祖先伝説は、系譜の古い部分は他国からの借り物であるが、確実なところでは、秦嬴《しんえい》という人が周の孝王《こうおう》（前九世紀）によって秦（甘粛省の清水県《せいすいけん》）に封ぜられて馬を飼ったといわれ、秦の穆公《ぼくこう》（在位前六五九～前六二一年）にいたって西戎の覇《は》となった、といわれる。穆公の十九代の子孫の始皇帝（在位前二四六～前二一〇年）にいたって、秦は華北、華中の諸王国をことごとく併合し、中国の統一をはじめて完成したことはいうまでもあるまい。そのさい、最後まで秦と対抗して中国の統一者の地位を争ったのが、斉《せい》王国と楚王国であった。

斉の最初の支配者は太公望《たいこうぼう》、また呂尚《りょしょう》といい、

姜姓、つまり西戎の一種の羌族の出身で、周の武王にしたがって殷を滅ぼし、営丘《えいきゆう》（山東省の臨淄《りんし》）にうつって東夷を統制した。太公の子孫は前三八六年にいたって、陳《ちん》国からの亡命者の子孫である田和《でんか》に侯位をのっとられ、その曾孫の威王《いおう》（在位前三五六～前三二〇年）がはじめて王と称した。いずれにせよ、春秋・戦国時代をつうじてもっとも繁栄した華北の諸国の一つであった斉国は、もともと西戎の国であったのである。

八　楚――「蛮」の王国

これにたいして楚は、「南蛮」の国であることは明白である。楚は周のはじめには丹陽《たんよう》（湖北省の秭帰《しき》県）つまり長江の上流の、四川省への入口におり、しだいに東方に進出して、武王《ぶおう》（在位前七四一～前六九〇年）のときに、周と対抗して王号を称し、その子の文王《ぶんおう》（在位前六九〇～前六七七年）のときに郢《えい》（湖北省の江陵《こうりょう》県）にうつった。のち頃襄王《けいじょうおう》の二十一年（前二七八年）、秦に郢を占領されて、陳（河南省の淮陽県）にうつり、さらに考烈王《こうれつおう》の二十二年（前二四一年）、寿春《じゆしゆん》（安徽省の寿《じゆ》県）にうつり、前二二三年にいたって秦に併合された。すなわち楚という王国は南蛮の出身で、東夷の地に発展したのである。

第二章　中国人の誕生

一　中国人は都市の民

中国人とは文化上の観念

このように、前二二一年の秦の始皇帝による中国統一以前の中国、中国以前の中国には、「東夷《とうい》、西戎《せいじゅう》、南蛮《なんばん》、北狄《ほくてき》」の諸国、諸王朝が洛陽《らくよう》盆地をめぐって興亡をくりかえしたのであるが、それでは中国人そのものは、どこから来たのであろうか。

中国人とは、これらの諸種族が接触・混合して形成した都市の住民のことであり、文化上の観念であって、人種としては「蛮《ばん》」「夷《い》」「戎《じゅう》」「狄《てき》」の子孫である。

中国の都市の特徴は城壁で囲まれていることで、これは一九一二年の清《しん》朝の滅亡まで、あらゆる中国の都市に共通であり、城郭都市こそが都市であった。城壁の形は、地形にしたがっていろいろであるが、もっとも基本的な形は四面が東西南北にそれぞれ面した正方形で、土を練って築きあげる。四面にそれぞれ門を開くが、正門は南門で、門にはそれぞれ丈夫な扉をつけ、日没とともに閉じ、日の出とともに開く。城壁の内側は、縦横に走る大通りによって多くの方形の区画に区切られ、もっとも中心の区画は王宮である。各区画はすべて高い塀をめぐらし、大通りから直接出入りできる家は一つもない。家はすべて区画の内部をさらに縦横に通ずる小路に面して入口があり、区画にはそれぞれ大きさに応じて一つ、二つ、ないし四つの入口があり、入口にはそれぞれ木戸があって、これも城門と同様に、日没とともに閉じ、日の出とともに開く。日没後は夜警が大通りを巡回して、夜間、路上に出ている者があれば拘引して翌朝まで留置する。区画のことを「里《り》」といい、のちに「坊《ぼう》」といったが、いずれもこの取り締まりを意味する語である。

こうした城門、木戸の夜間閉鎖と、夜間外出の取り締まりは、一九一二年に清朝が倒れるまでつづいた制度であった。首都の城内に住む権利があるのは、役人、兵士、それから商工業者であって、すべて塀に囲まれた坊里のなかの、長屋風の集団住宅に住んで共同生活をしていた。これは兵営都市という印象をあたえるが、実際、城壁は「中国」の空間を、外側の「蛮、夷、戎、狄」の世界から区別する、もっとも重要な境界だったのである。つまり、いかなる種族の出身者であれ、都市に住みついて、市民の戸籍に名を登録し、市民の義務である夫役《ふえき》と兵役に服し、市民の職種に応じて規定されている服装をするようになれば、その人は中国人、「華夏《かか》」の人だったのであって、中国人という人種はなかった。その意味で、中国人は文化上の観念だというのである。

二　市場――都市の原型

左祖、右社、前朝、後市

『周礼《しゅらい》』の「考工記《こうこうき》」は、前漢《ぜんかん》の末、前一世紀に儒家の古文派の手でまとめられた文献の一つだが、古い技術についての伝承が多くふくまれている。それは、首都の城壁で囲まれた内側の中央に位置する王宮について、「左祖《さそ》、右社《うしゃ》、前朝《ぜんちょう》、後市《こうし》」と表現している。中国では南を前とするから、この意味は、王宮の南の正門の東側には「祖《そ》」、西側には「社《しゃ》」、そして王宮の南隣りには「朝《ちょう》」、北隣りには「市《し》」がある、ということになる。

「祖」はのちには皇帝の先祖を祀る「太廟《たいびょう》」、「社」は穀物の神を祀る「社稷《しゃしょく》」に進化したが、本来、「祖」の原形「且《しょ》」、「社」の原形「土《ど》」は、ともに男根の形を模した柱であって、古代ギリシアのファロス (phallos) と同じく、その機能は、宮門の外の悪霊の侵入を防ぐことであった。これが宮門の左右に相対して立っていたのである。そしてその内側の「朝」はすなわち「朝廷《ちょうてい》」、朝礼の行なわれる庭であって、朝廷からみて、王宮をはさんで反対側にある「市」は、もちろん市場である。

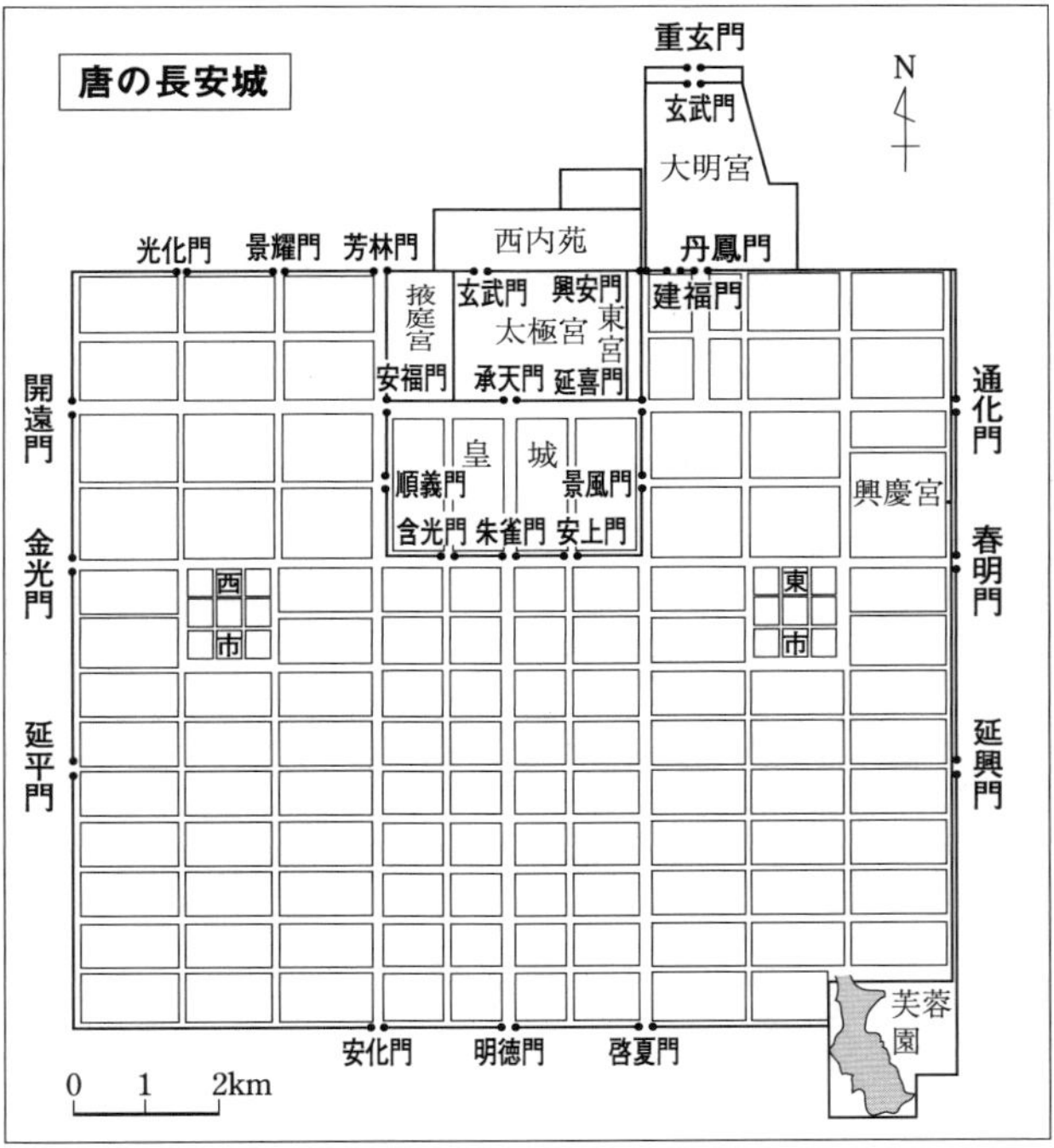

日本の平城京、平安京のモデルになったことで名高い唐の長安城は、北に宮城、その南に官庁所在地である皇城がつくられ、その南東と南西に東市、西市が設けられた。「前朝後市」という、古い中国の都市の伝統を破った計画都市であった。

朝廷で行なわれる朝礼は、これまた清朝の末年におよぶまで延々と行なわれた制度であった。その期日は時代によって一定しないが、毎月何回か指定された日があった。本来は、満月の日、すなわち毎月(陰暦)十六日の朝だったと思われる。その日になると、皇帝は午前二時ごろには起きて身を潔める。群臣は午前四時ごろには参内して、朝廷の石畳の上に、北をむいて、階級にしたがって指定された場所に立つ。この場所を「位《い》」という。皇帝が神々に犠牲を捧げ終わって、正殿に出御すると、群臣は号令にしたがって、いっせいに皇帝に拝礼をする。終わって群臣が犠牲の肉の賜与を受けて朝廷を退出するころ、夜が明けて日が昇り、それとともに王宮の北側の市場が開いて取り引きがはじまる。

ここで興味のあることに、「朝」と「市」とは本来、同音の語であって、朝礼が終わると同時に日が昇って市場が開くところからみると、皇帝が犠牲を捧げる神々は、市場を護《まも》る神であり、その神々は「祖」と「社」であったのではないか。つまり王宮を囲む塀は、本来は市場の囲いであり、祖と社は市場の入口をはさむ柱であり、王は市場の差配であり、朝礼は市場開きの儀式であったと思われる。そして王宮の塀が発達して、都市を囲む城壁となったのであろう。つまり中国特有の城郭都市は、市場が原型だったのである。

市場に入るさいには、手数料として、商品の十分の一を脱《ぬ》き取られたが、これが「税」の起こりである。後世でも、北京の崇文門《すうぶんもん》は税関の性格をもち、通行の入城者には税が課せられたが、これは城壁が本来は市場の囲いであり、城門が市場の入口であった名残りである。また手数料が、市場の入口の柱に捧げられたところから、「祖《そ》」から「租《そ》」の語が発生した。もともと「祖」の意味は「阻《そ》」で、入場を阻止するものだったからである。

皇帝を頂点とする大商業組織

こうした構造は、首都だけでなく、首都から東方、東南方、南方へむかってのびる内陸水路に沿った要地に点々と建設される地方都市においても同様であった。古くは「邑《ゆう》」と呼ばれ、のちに「県《けん》」(「懸」と同音で、首都に直結するという意味)と呼ばれたこれらの地方都市は、首都の小型版であって、首都から派遣された軍隊が駐屯して、これまた首都からくる商人と周辺地域の夷狄のあいだの交易活動を保護する。後世にいたるまで、県城の県衙《けんが》(役所)においては、首都における朝礼と同日、同時刻に、知県《ちけん》(知事)が部下や住民の有力者をひきいて、朝礼の儀を執行した。首都から遠くて、直接監督のゆきとどかない邑にたいしては、数十の邑をまとめて監督する軍司令官が派遣された。これが「諸侯《しょこう》」であって、その地位は世襲であった。この世襲の軍司令官が派遣されることを「封建《ほうけん》」という。世襲でなく任命制になると、これが「郡県《ぐんけん》」であって、数十の県をまとめて監督する軍司令官が「郡守《ぐんしゅ》」であり、その軍管区が「郡《ぐん》」である。「郡」は「軍《ぐん》」と同音で、常設の駐屯軍を意味する。

県城には、現物で納入される租税を収納する倉庫があり、これを「県官《けんかん》」といった。「官《かん》」は「館《かん》」と同音で、衣食を公給されることを意味する。「館」を「管理」するものが、すなわち「官吏《かんり》」である。「県官」はまた皇帝の意味にも用いられる。つまり中国の官吏は、市場に付設された収納庫の番人から発展してきたものであった。

そして皇帝の本来の商業的性格を示すものとして、後世にいたるまで、中国各地の税関の収入は、原則として皇帝の私的収入であり、宦官《かんがん》が派遣されてこれを監督したことがあげられよう。また皇帝は、絹織物や高級陶磁器などの生産を直営し、また金融業を経営して利益をあげていた。いうならば、中国の本質は、皇帝を頂点とする一大商業組織であり、その経営下の商業都市群の営業する範囲が、すなわち「中国」だったのである。

こうした地方都市と地方都市の中間の地帯は、夷狄の住地であったが、城郭都市の商業網の網の目が密になるにつれて、ますます多くの夷狄が城郭都市の名簿に登録して中国人となり、前二二一年の秦の始皇帝の中国統一までには、華北《かほく》、華中《かちゆう》の平野部では、夷狄はことごとく中国化して姿を消し、山地の者のみが取り残された。

三　中国の官僚

原則として無給

官僚は、中国史の第一期前期の秦の始皇帝のときにすでにあったが、その生態はあまり明確ではないので、ここでは第二期後期、すなわち北宋《ほくそう》のはじめから叙述する。この時期は、科挙《かきょ》の試験が盛んであったときでもある。

科挙の試験に合格すれば、中央の皇帝の秘書室にとどめおかれるごく少数の者は別として、多くは地方の県の知事として派遣される。支度金は出ないが、どんな遠方の県でも心配はない。首都の商人のなかの心利いた者が差配になって、金を貸してくれ、服をつくってくれ、通訳など、しもじもの者を雇い入れ、行列をつくって地方に出発する。そうして目的地の県に着くと、国家官僚である知県は、ようやく以下のような収入の目途がつくのである。そこで差配は貸した金に大枚の歩合を付けて取り立て、そして帰ってゆく。

知県の職務の最大のものは、田租《でんそ》の取り立てと、裁判である。実務は小吏が担当し、知県はその監督に当たった。ここではっきりことわっておかなければならないのは、官僚も小吏も、原則として無給だということである。官僚は、その地位を利用して、適当に稼ぐものとされ、そのため賄賂《わいろ》は、あまり程度がひどくないかぎり、合法であった。皇帝の辞令を受けた官僚ですら無給なのだから、まして辞令のない小吏はいうまでもない。

第三期の末、清朝の雍正帝《ようせいてい》のころになると、官僚は養廉銀《ようれんぎん》というものを支給される。しかしこれも申しわけ程度の少額である。年末になると、知県は省城に呼び出されて、一枚の紙に、お前はなになにの咎《とが》によりいくらいくら、なになにの咎によりいくらいくら、養廉銀から差し引かれる、と書かれたものと、残りの養廉銀を受け取る。全然受け取れないこともある。

田租と裁判

官僚の収入の大部分は、田租を取り立てた残りである。田租は、その年の実収によらず、例年一定だから、取ったもののなかから定額を省城に納めれば、残りはいくらあっても、それは知県の収入になる。だから実収の多い豊かな土地ほど、知県の収入は多いことになる。第三期の明末に、田租は銀納に変わって、銀で省城に納めることになった。そうすると、納入のために、銀を溶かして馬蹄銀《ばていぎん》（枕のような形の銀塊）にするのに、溶解のための目減りと称して、いくらかは合法的に知県の収入になる。こうして収入は確保され

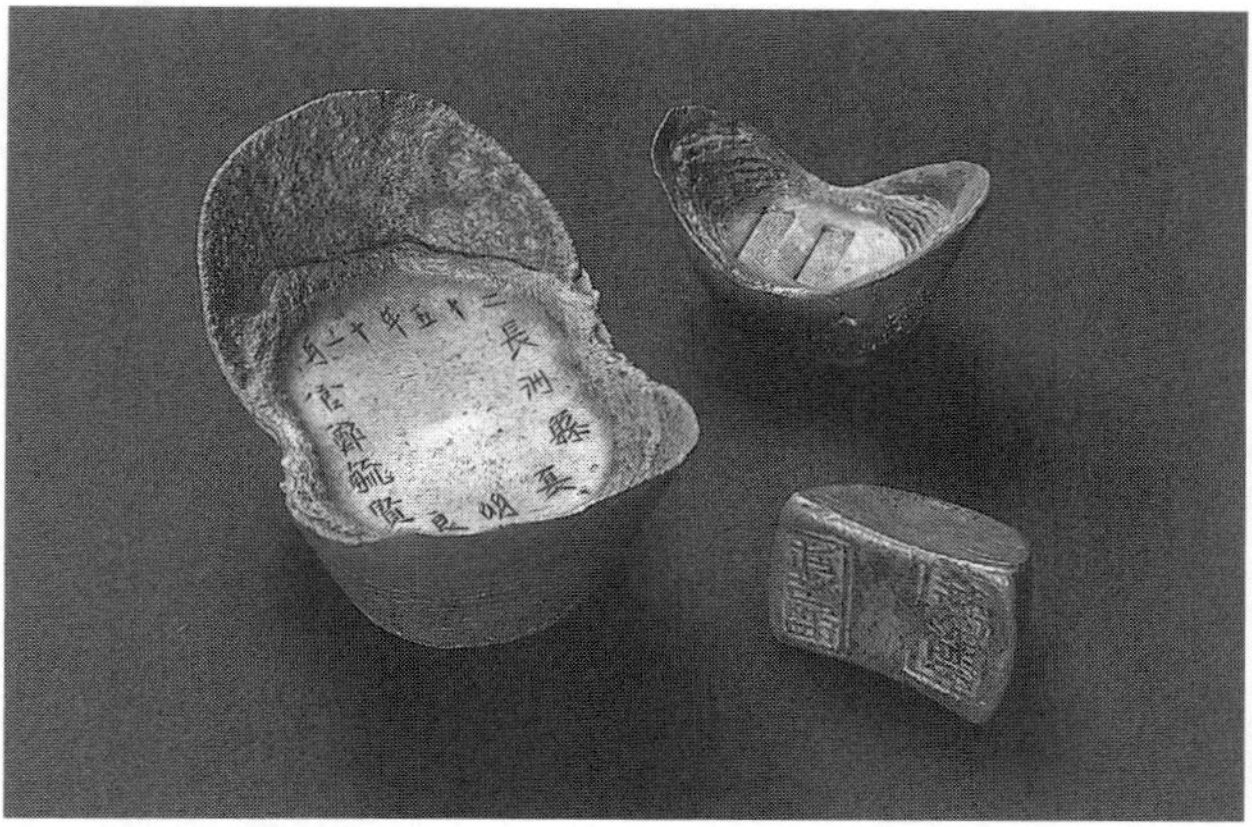

馬蹄銀（造幣博物館）

る。

　もうひとつの知県の収入は、裁判である。裁判があると、まず原告も被告も、県の牢屋に入れられる。それから原告からも、被告からも、裁判の公平を期待して、それぞれ付け届け（賄賂）がある。裁判では、知県が裁判長の役目をして、審判を下す。勝ったほうから手厚い謝礼がある。そこで決められないほどの重罪だと、知県の手を離れて、上級の官庁に移る。また知県の職務で重要なのは、強盗などの犯人の逮捕である。このために知県は、夜中に起きて家を出かけることもたびたびであった。

　知県の支出は、比較的に少ない。県衙《けんが》（県の役所）の構造は、南半分が公、北半分が私である。公的な部分は、裁判などに使う正堂や、牢屋などから成っている。私的な部分は家屋で、知県とその家族が住み、畑もあって、そこでは野菜などをつくって食事の足しにする。しかし一番おもなものは、市場で手に入る食べ物で、これは市場の組合長が値段の半額で売ってくれる。こうやって、知県は生活を立てるのである。これが中国の伝統で、現在でも公務員は月給が少なく、米や塩や油の現物支給に頼ることが多いのは、ここに原因がある。

四　中国語の起源

漢字のなりたち

中国語（漢語）と普通呼ばれているものは、実は多くの言語の集合体であって、その上に漢字の使用が蔽《おお》いかぶさっているにすぎない。そしてその漢字のきわめて特殊な性質が、中国の言語問題の理解を困難にしているのである。

前にいったとおり、漢字の原型らしいものが発生したのは華中の長江《ちょうこう》流域であって、これを華北にもたらしたのは、もともとこの方面から河川をさかのぼってきたらしい夏人《かじん》であった。夏人とむすびつく系譜をもつ越人《えつじん》は、後世、浙江《せっこう》省、福建《ふっけん》省、広東《カントン》省、広西《こうせい》チワン族自治区、ヴェトナムの方面に分布していたが、その故地に残存する上海《シャンハイ》語、福建語、広東語の基層はタイ系の言語である。つまり華中、華南が漢化する前、この地方で話されていた言語はタイ系であったと思われるので、この地方に故郷をもち、洛陽盆地を中心として最初の王朝をつくった夏人の言語も、タイ系であったかと思われる。

ところで漢字は表意文字であって、表音文字ではない。まず「象形《しょうけい》」は、「日」とか「月」とかの文字で、現に形のある物をかたどる。「指事《しじ》」は、「上」とか「下」とかの文字で、形はないが、意味をあらわす文字である。現在、知られている漢字は約五万字であるが、その八割は「形声《けいせい》」字である。これは二つの表意文字（「象形」と「指事」の二種類）を組み合わせて、その一方が意味をあらわし、一方が発音をあらわす、と普通いわれている。「江」とか「河」とかが「形声」とされる。「サンズイ」は「三水」で、「水」の変化形である。「工」は定規がもともとの意味であるが、その発音が長江の名前に似ているから、その意味で使われる。「可」は口から息が長く出ることを意味し、その発音が黄河の名前に似ているから、その意味で使われる。ということは、発音をあらわすとされる部分も、もともと表意文字であって、一定の音をあらわすような機能はない。だから「形声」字といえども、やはり表意文字であって、表音文字ではない。

もう一つの漢字のつくり方は、やはり二つの表意文字を組み合わせて、新しい意味をあらわす方法であって、これを「会意《かいい》」という。「武」とか「信」とかの文字である。「武」は「戈」と「止」の合成字で、「ホコ」を持って立つことを意味する。「信」は「ニンベン」と「言」の合成字である。「ニンベン」は「人」の変化形で、「信」は他人の言葉に信頼をおくことを意味する。

文字通信専用の「雅言」

あらゆる表意文字の宿命であるが、漢字はもともと、同じ字形にいくつもの意味をあて、それぞれをタイ系の夏人の言語で読んだのであるが、のちに整理されて、一つの漢字にはただ一通り、それも一音節の語をあてて読むようになった。ところがごく少数、何通りにも読む字が残ってしまい、それを「転注《てんちゅう》」といっている。「考」とか「老」とかがこれだというが、これらは本来同じ字形で、ともに「年老いる」という意味であった。

また、本来の意味とはちがった意味で、その一つしかない読み方の同音異義語にあてて使う使い方があり、これを「仮借《かしゃ》」といっている。「令」とか「長」とかがこれだという

六書の例

象形	指事	形声	会意	転注	仮借
日 月 山 川 人 女 大	一 二 三 上 下	(意味)+(同音異義)→(字)	明 杲 東 杳 天 立 昌	樂《らく》《たのしむ》—樂《がく》《おんがく》　立《りふ》《たつ》—立《ゐ》《くらい》(のちに位)	乎(呼と同じ)→感歎詞
馬 牛 象 口 木 水 手		火+堯→焼	林 休 本 末 武 信	老《らう》《おいる》—老《かう》《ちち》(のちに考)	令(命令)→「長い」
		馬+句→駒			

が、「令」は命令という意味であり、「長」は長いという意味である。「令長」を漢代には県の知事の意味に用いた。

「象形」「指事」「形声」「会意」「転注」「仮借」の六つの種類を「六書《りくしょ》」というが、いずれにせよ、一字一音、しかも一音節が原則となった。ところがいかにタイ系の言語といえど、あらゆる語が一音節からなるということはありえない。そのため、漢字の音は、意味というより、その字の名前という性格のものになってしまう。

こうなると、漢字のもっとも効果的な使用法は、実際に人びとが話す言語の構造とは関係なく、ある簡単な原則にしたがって排列することになる。そうすると、表意文字の体系であるから、言語を異にする人びとのあいだの通信手段として使えることになる。そしてそのように排列された漢字を、それぞれにわりあてた一音節の音で読むと、まったく新しい、人工的な符号ができあがる。こうしてつくりだされた人工的な言語は、日常の言語とはぜんぜんちがう、文字通信専用の「言語」となる。これが「雅言《がげん》」である。こうして漢字は、それをつくりだした民族の日常言語から遊離することによって、彼らにとってかわった殷人《いんじん》や周人《しゅうじん》、また秦人《しんじん》や楚人《そじん》にとっても有用な通信手段、記録手段になりえたのである。

商人言葉から中国語へ

ところでこうした漢字で綴られた漢文の特徴としてきわだつことは、そこには名詞や動詞の形式上の区別もなく、接頭辞も接尾辞も書きあらわされていない、ということである。この結果、漢字の組み合わせを順次に読み下すことによって成立する、いわゆる「雅言」は、性・数・格も時称もない、ピジン (pidgin) 風の言語の様相を呈する。これは夏人の言語をベースにして、多くの言語、狄や戎のアルタイ系、チベット・ビルマ系の言語が影響して成立した古代都市の共通語、マーケット・ランゲージ (market language) の特徴を残したものと考えられる。

ところで「雅言」というのは、『論語《ろんご》』の「述而《じゅつじ》」篇にある表現である。「子の雅言するところは、『詩《し》』・『書《しょ》』、礼《れい》を執《と》るは、みな雅言なり」とあって、紀元前六世紀末の哲学者・孔丘《こうきゅう》（孔子《こうし》）が『詩経《しきょう》』や『書経《しょきょう》』のテキストを読むときや、礼儀を実修するときにかぎって「雅言」で話した、というのである。この「雅《が》」は「夏《か》」と同音である。そればかりではない。「夏」「雅」は、商人、商売を意味する「賈《か》」、値段を意味する「価《か》」、ブローカーを意味する「牙《が》」とも同音である。つまり「雅言」は夏人の言語であると同時に、市場の言語であり、夏人は「賈人」、すなわち商人である。

さらにおもしろいことに、「朝」「市」と同音（tiög）の「易」は交易、貿易であり、「易」はさらに「狄」と同音である。つまり夏人が商人であったと同様に、夏にとってかわった殷の出身種族である「狄」も、北方の高原地帯から商売にくる人びとだった。そういえば、殷人の自称は「商《しょう》」で、殷人はすなわち商人である。もって夷狄の人びとにとって、首都から来訪する商人が、すなわち文明の担い手であったことがうかがえるのである。

中国文明は商業文明であり、都市文明である。北緯三十五度線上の黄河中流域の首都から四方にひろがった商業網の市場圏に組みこまれた範囲が、すなわち中国なのである。そして中国語は、市場で取り引きにもちいられた片言《かたこと》を基礎とし、それを書きあらわす不完全な文字体系が二次的に生みだした言語なのである。

第三章　中国世界の拡大と文化変容

一　漢族の時代——中国史の第一期前期

焚書の積極的意味

前二二一年の秦の始皇帝による華北、華中の統一によって、中国史の第一期がはじまる。これから後一八四年の黄巾の乱までの約四百年を前期、一八四年から五八九年、隋による統一までの約四百年を後期とする。

第一期の前期における歴史のハイライトは、秦の始皇帝が漢字の字体を統一して「篆書《てんしょ》」をつくりだしたことと、いわゆる「焚書《ふんしょ》」である。「焚書」は前二一三年に行なわれた。普通、思想統一の手段と誤解されているが、実はもっと積極的な意味をもつものであった。

紀元前六世紀末から前五世紀はじめの哲学者・孔丘《こうきゅう》（孔子《こうし》）の創立した儒家をはじめとする諸教団は、それぞれ独自の経典をもち、その読み方を教徒に伝授して、それを基準として漢字の用法、文体を定めていた。つまりテキストにはそれぞれ、それを奉じる人間の集団が付随しており、その読み方の知識、技術は師資相伝《ししそうでん》の閉鎖的なものであった。

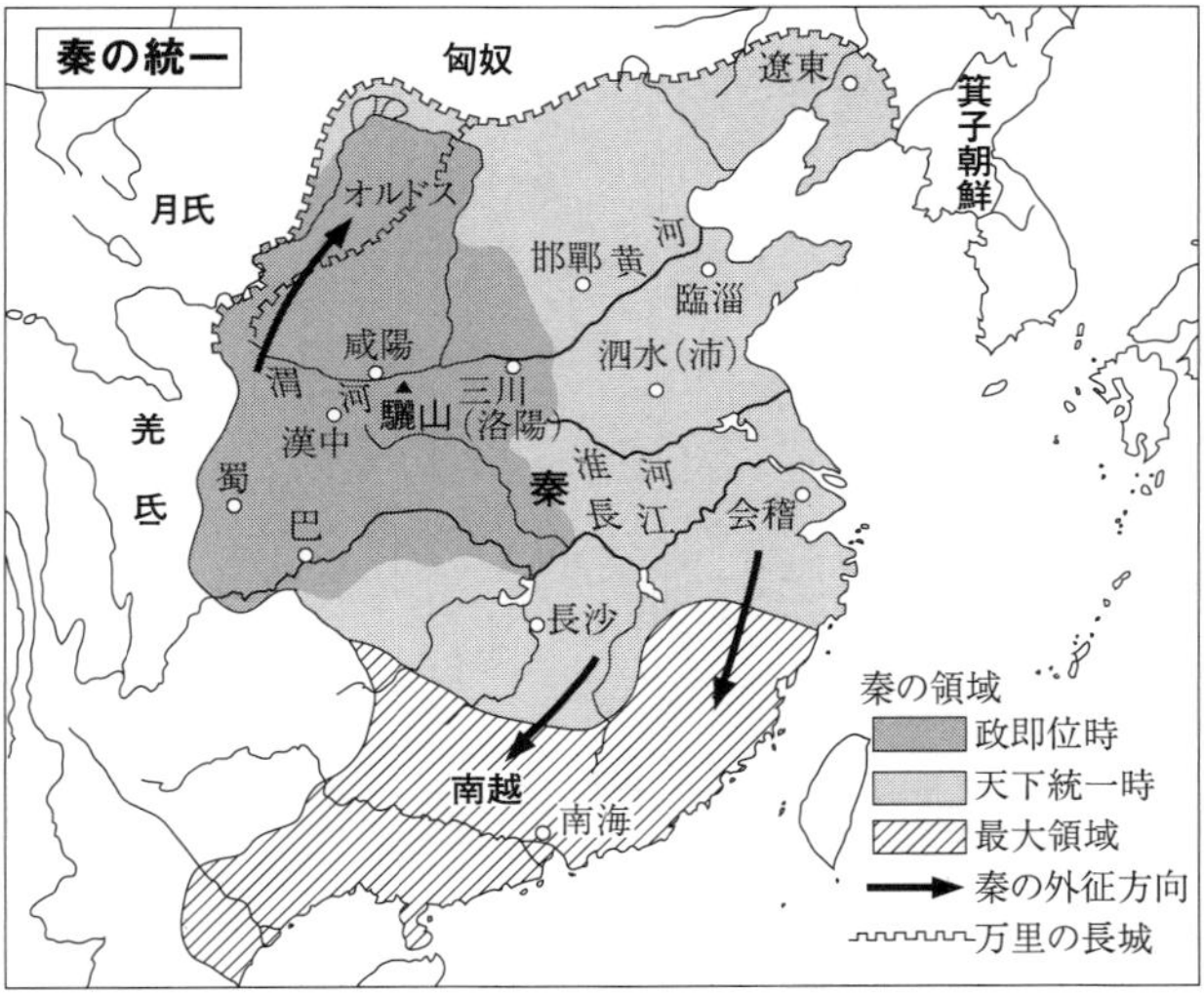

前二一三年の「焚書」においては、秦の政府は、民間の『詩経《しきょう》』『書経《しょきょう》』「百家の語」を引きあげて焼いたが、「博士《はくし》の官の職とするところ」、すなわち宮廷の学者のもち伝えるテキストはそのままとし、今後、文字を学ぼうという者は、吏をもって師となす、というのである。これは特定の教団に入信して教徒とならなくても、公の機関で文字の使い方を習う道を開いたものであって、この漢字という、中国で唯一のコミュニケーションの手段の公開であった。

そればかりではない。『漢書《かんじょ》』の「藝文志《げいもんし》」に、前一世紀末に宮廷の図書館におさめられた書物を説いて、

『蒼頡《そうけつ》』七章は、秦の丞相《じょうしょう》・李斯《りし》のつくるところである。『爰歴《えんれき》』六章は、車府令《しゃふれい》・趙高《ちょうこう》のつくるところである。『博学《はくがく》』七章は、太史令《たいしれい》・胡母敬《こぼけい》のつくるところである。……漢が興ると、閭里《りより》の書師《しょし》が『蒼頡』『爰歴』『博学』の三篇を合わせて、六十字ごとに一章とし、およそ五十五章を、すべて『蒼頡篇《そうけつへん》』とした」といっている。李斯、趙高、胡母敬は、みな始皇帝の重臣であるから、こうした新しい文字の教科書をつくったのも始皇帝の政策であろう。

前漢の版図拡大

せっかくの秦の統一も、前二一〇年の始皇帝の死とともに破れて、またも戦国時代そのままに、多くの王国が乱立したが、そのなかの漢王国の王・劉邦《りゅうほう》（高祖《こうそ》）が皇帝の称号を引きついだ。劉邦の息子の文帝《ぶんてい》（在位前一八〇〜前一五七年）、孫の景帝《けいてい》（在位前一五七〜前一四一年）の二代のあいだに、諸王国を取りつぶしたり、所領を没収したりして漢の郡県を拡張し、前一四一年の武帝《ぶてい》の即位のころまでに、漢の皇帝の直轄領がほぼ華北、華中にゆきわたるところまでこぎつけた。このころの漢の郡県のあいだに、縮小した諸王国の散在する状態を、誤って漢の「郡国《ぐんこく》」制などと呼ぶが、これは皇帝の勢力の拡張の結果であって、制度などと呼ぶべきものではない。

漢の武帝はその五十四年にわたる治世（在位前一四一～前八七年）のあいだに、その支配下の「中国」から四方へのびる貿易交通路の確保に精力を傾けた。武帝の即位当時の漢の勢力圏は、北方ではほぼ現在の長城線以南、南方では江蘇《こうそ》、江西《こうせい》、湖南《こなん》の各省までに限られ、北は遊牧民の匈奴《きょうど》、南は海洋民の南越《なんえつ》におさえられて、外界への出口は山東《さんとう》半島の南

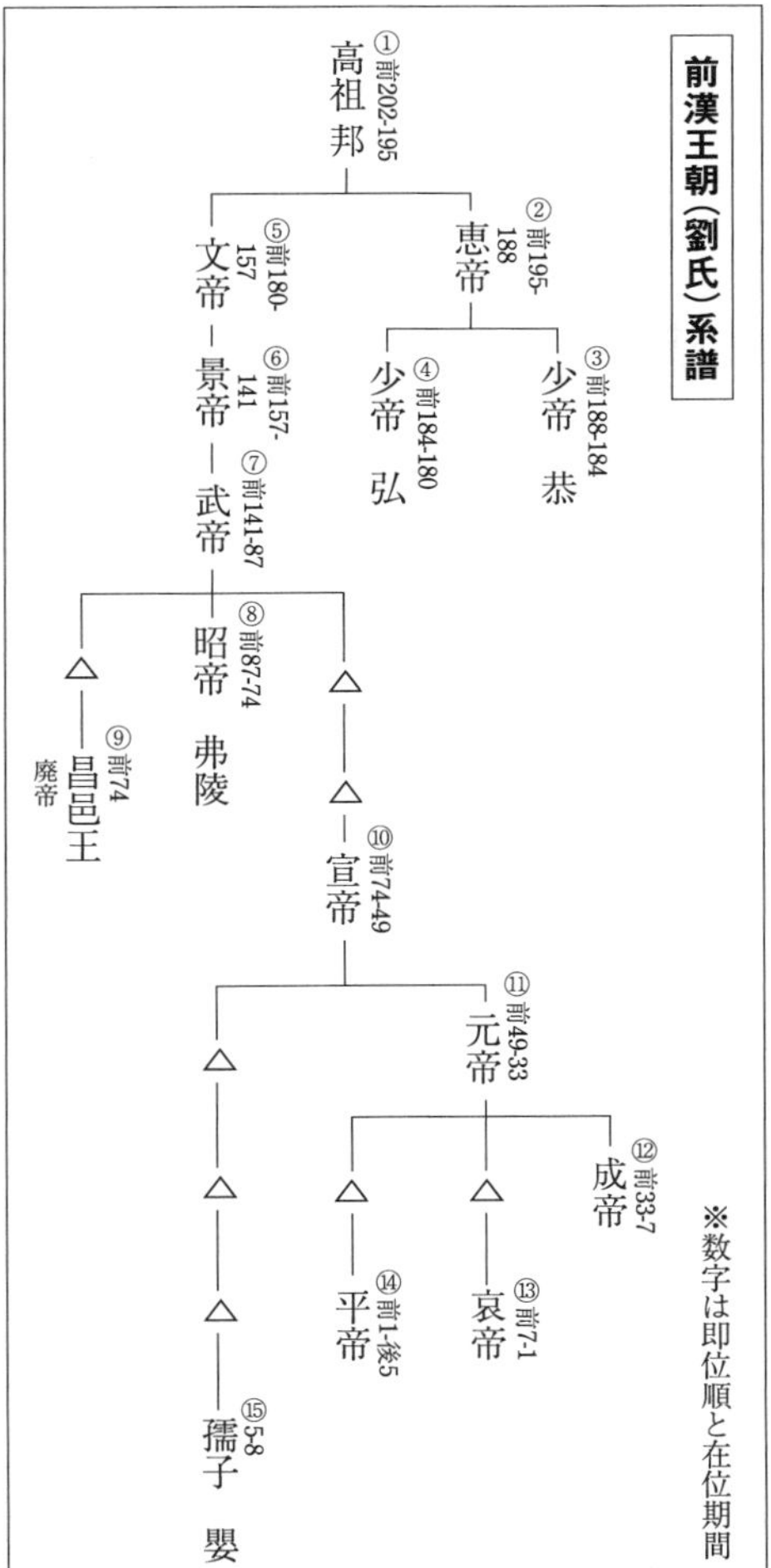

のつけ根の琅邪《ろうや》の港しかなかった。武帝は、東は朝鮮王国を滅ぼして日本列島への通路を確保し、北は匈奴を逐ってシルク・ロードを通じ、南は南越を滅ぼして南シナ海・インド洋貿易航路を開き、西は四川《しせん》省から雲南《うんなん》省、東チベット、ビルマ、アッサムに通じるインド・ルートをおさえて商権を握った。

こうした活潑な軍事行動のため、大規模な人口の移動と都市集中がおこり、官僚層が厚くなって、知識階級が形成された。そのため、これまで各教団の独占であった文字の知識も、教団を渡り歩いて修得する傾向が生じ、思想の交流、混合が盛んとなった。漢代の指導的な思想は道家の黄老《こうろう》思想であったが、しだいに儒家が他の雑多な教団(学派)の思想や知識を吸収、総合して、新たに未来の予見を可能とする一種の科学たる儒教の古文学派が成長し、ついにその主張を代表する帝室の外戚《がいせき》の王莽《おうもう》が、漢の帝位をのっとって、紀元八年に漢(前漢《ぜんかん》)は滅亡した。

最初の人口大変動

王莽は新《しん》という王朝をはじめたが、儒教の理論を過信して、内外の政策はことごとく失敗した。その直前、紀元二年におよんで、中国史上で最初の人口統計が記録にあらわれる。それは『漢書』の「地理志《ちりし》」に残る「口、五千九百五十九万四千九百七十八」という数字であるが、この数字は、これ以後一千年以上も、この約六千万人というレベルに達する人口があらわれなかったことからみて、繁栄の結果の人口過剰状態を示しているものと考えてよい。

しかし紀元一七年にはじまった全国的な反乱の結果、二三年に長安《ちょうあん》が陥って王莽が敗死するまでの八年間に、戦乱と飢餓のために、中国の人口は約六千万から半減し、さらに中国が劉秀《りゅうしゅう》(後漢《ごかん》の光武帝《こうぶてい》)によって再統一される三七年までに、さらに半減したといわれる。つまり約一千五百万に激減したことになる。この二十年間における七五パーセント減という数が事実から遠くないことは、『続漢書《ぞくかんじょ》』(司馬彪《しばひょう》の著、三世紀の末に成る)の「郡国《ぐんこく》志《し》」の注に引用されている、つぎの人口統計によって推定できる。

五七年	二一、〇〇七、八二〇
七五年	三四、一二五、〇二一
八八年	四三、三五六、三六七
一〇五年	五三、二五六、二二九

この人口増加率はほぼ年二パーセントで、これをさかのぼらせて三七年の人口を逆算す

ると、ちょうど千五百万人になる。

こうした急激な人口の変動は、中国の歴史をつうじてくりかえされるが、この紀元一世紀の前漢末から後漢はじめにかけてのものが、数字の残されている最初のものである。

儒教の国教化と漢字の普及

これからあと、後漢時代の人口は、ほぼ頭打ちとなり、五千万人台で推移する。つぎに、一〇五年以後の数字も挙げておこう。

一二五年	四八、六九〇、七八九
一四〇年	四九、一五〇、二二〇
一四四年	四九、七三〇、五五〇
一四五年	四九、五二四、一八三
一四六年	四七、五六六、七七二
一五六年	五六、四八六、八五六

（『晋書《しんじょ》』——房玄齢《ぼうげんれい》らの著、六四八年に成る——の「地理志」は一五七年とする）

この一世紀から二世紀にかけての時期に、中国の文化史上に重要な時代の一つがやってくる。それは儒教の国教化と、それにともなう漢字の知識の普及である。

儒教は、先にいったように、前漢の後半期に、他の多くの学術を吸収、総合して、未来の予知を目的とする一種の科学体系に発展し、王莽によって国教化された。後漢朝もこれ

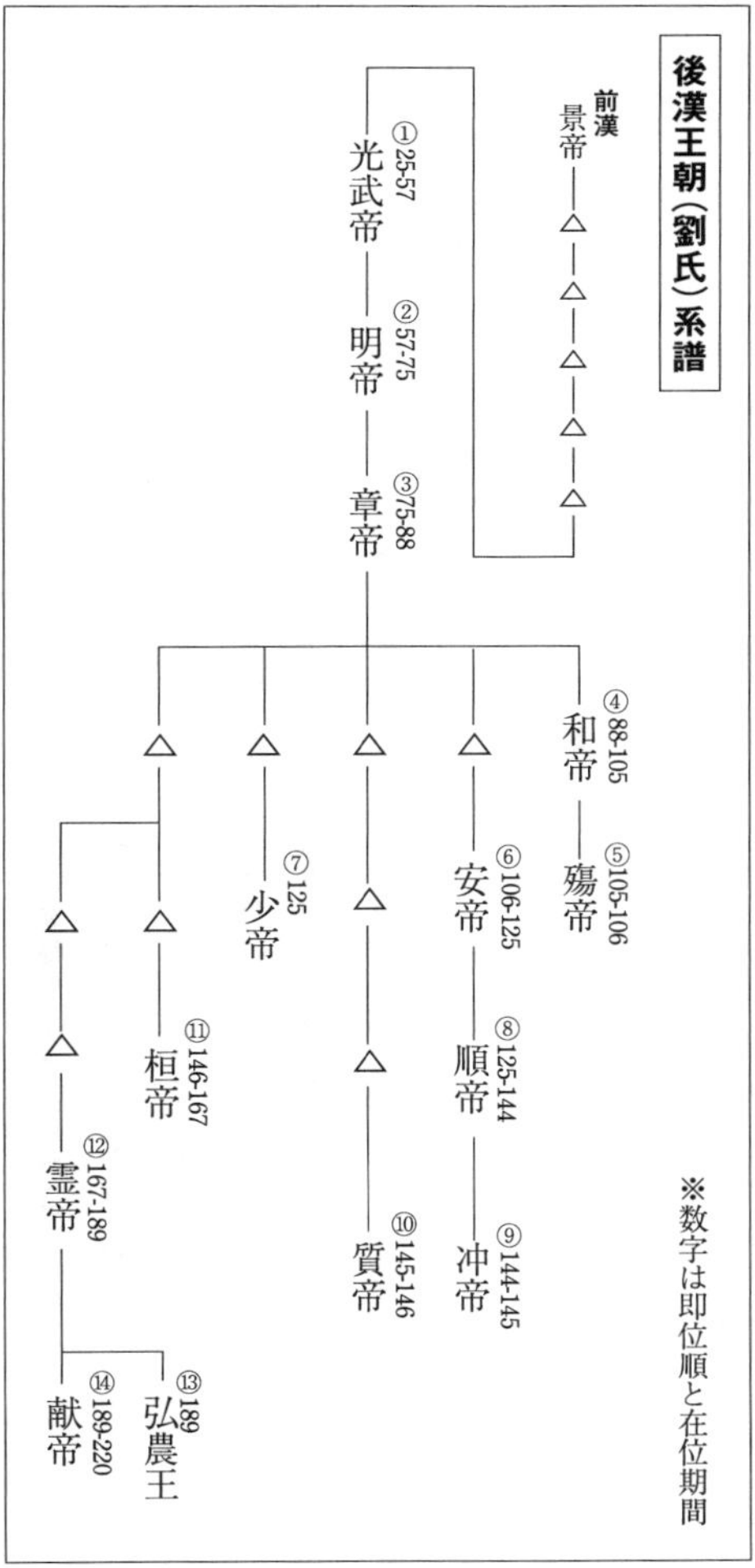

を継承して、順帝《じゅんてい》の時代（一二五～一四四年）には、首都の洛陽《らくよう》の「太学《たいがく》」（大学）は二百四十房、千八百五十室の大規模なものになり、太学生の数はやがて三万人を超えるにいたった。これだけ大規模なものになった学校教育の水準を維持するには、学派ごとにちがいのあるテキストをそのままにしておくわけにはゆかない。一七五年、新たに公定して統一した経書のテキストを、石碑に彫って太学の門外に立てた。これを「石経《せきけい》」という。

儒教の国教化以上に、中国、いや世界のコミュニケーションの歴史を変えた、一つの大

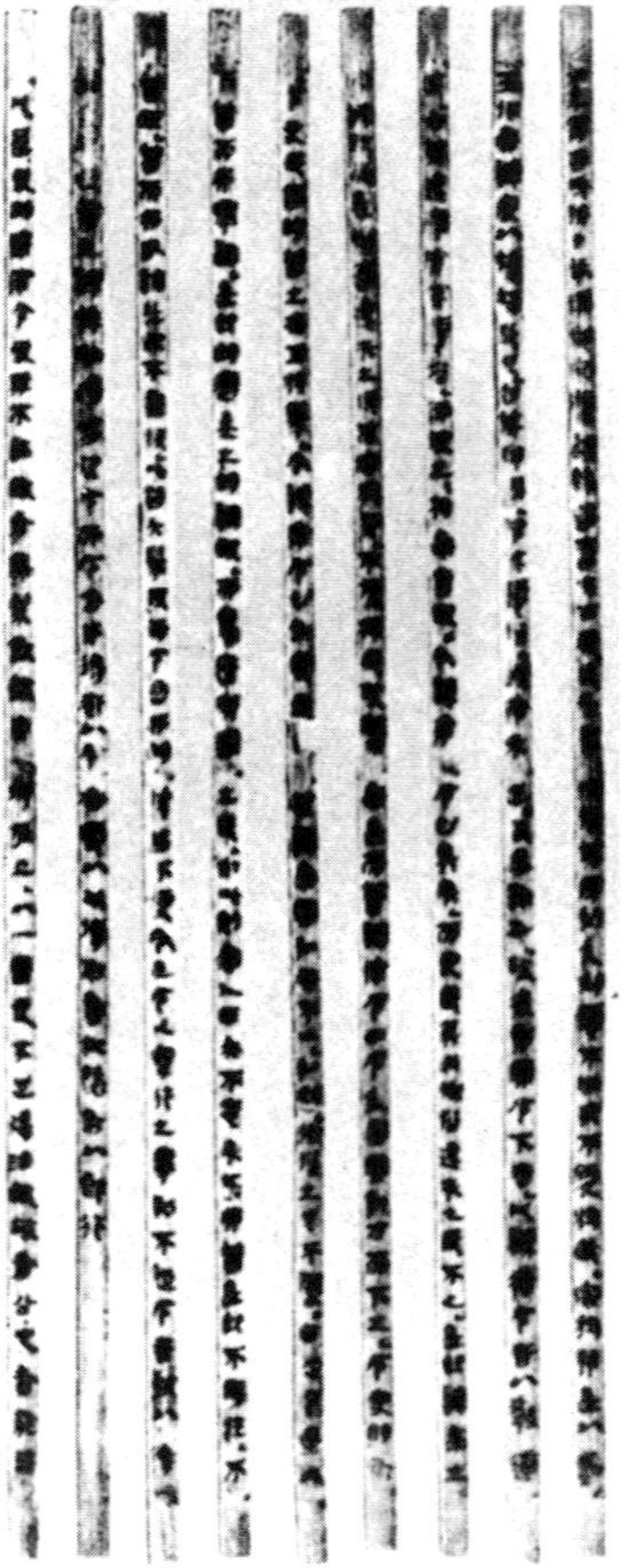

秦の竹簡の法律文書
湖北省雲夢睡虎地《うんぼうすいこち》出土の秦律。

事件がこの時代におこっている。それは新しい製紙法の発明である。後漢の宮中に奉仕する宦官の技術者の蔡倫《さいりん》が、樹皮・ぼろ布・魚網をつき砕いて糊状にし、薄くひろげて乾かす製紙法を完成し、一〇五年に皇帝に奏上して採用された。

これ以前、中国の書物は、木か竹の長さ一尺（二二・五センチメートル）の長片（木簡・竹簡）を紐で編んで横に連ねたものか、または絹に書いた帛書《はくしょ》であったが、木簡、竹簡はかさばってあつかいに不便であり、絹は高価でとてもつかいきれない。ところが製紙法の発明で、このときから縦一尺の紙を横に長く貼りつないだ巻子《かんす》が書物の形式に変わり、軽くてあつかいに便利で、しかも比較的安価になった。二世紀におこった教育の普及現象は、この製紙法の発明をぬきにしては説明がつかない。

紙の使用の普及と儒教の国教化、テキストの公定化は、これまで文字によるコミュニケーションに無縁であった階層にも、文字を滲透させてゆく。その一つの結果が、ふたたびおこった人口の都市集中によって出現した都市の貧民の厚い層の内部における、宗教秘密結社の発生と発達である。

二　宗教秘密結社――太平道と五斗米道

太平教信徒の反乱――黄巾の乱

宗教秘密結社は、兵役で農村からかりだされ、都市生活をはじめて味わって、除隊してからも帰るべき家、耕すべき田畑をもたない兵士上りの貧民のあいだの相互扶助組織として発生した。軍隊生活で覚えた共同生活の規律を基礎にして、戦友同志の団結による生存をはかるこれらの人びとは、軍隊において必要最小限度の文字の使用に慣れていたものと思われる。彼らは全国いたるところの都市にアジトをもち、会員であることを証明するなんらかの暗号や文書さえもっていれば、見ず知らずの土地でも宿泊や食事が無料でき、仕事をみつける世話も受けることができた。会員は深夜に集まって、彼らの団結を見守ってくれる神々をまつり、武技の訓練をいっしょに行なって一体感を保った。こうして相互扶助組織として出発した宗教秘密結社は、人口の都市集中が激しくなり、経済の成長速度が大きくなるにしたがって革命化した。

前漢の建国二百周年も間近となった紀元前五年、中国の人口は前にいったとおり、約六千万人に達し、当時の経済の水準では、適正規模をはるかに超えた人口過剰現象を呈していた。しぜんいろいろのストレスが社会のなかにたまっていたようだが、その一つのあらわれとして、漢朝はすでに寿命が尽きた、という気分が行きわたり、病身だった当時の皇帝（哀帝《あいてい》）は、この年、太初元将《たいしょげんしょう》元年と改元し、陳聖劉《ちんせいりゅう》太平皇帝と自称した。これは甘《かん》忠《ちゅう》という人がつくった『天官暦包元太平経《てんかんれきほうげんたいへいきょう》』という経典の説に基づき、天帝からあらためて命を受けるためにしたことだったが、ほどなくもとにもどった。

しかしこの甘忠の『天官暦包元太平経』の影響はあとに残ったので、二世紀のはじめに、これが『太平清領書《せいりょうしょ》』と称する「神書」百七十巻に姿を変えてふたたび出現した。その内容は、天地の道にしたがって太平を致すことを説き、人口増加の術を述べるものだった。これが張角《ちょうかく》という伝道者・組織者にうけつがれて『太平経』となり、いまでもその一部が現存しているが、張角はこの経典を治病に利用し、太平道《たいへいどう》と呼ばれ、華北の全面にわたって数十万人の信徒を持つにいたった。

張角はかれらを三十六の「方《ほう》」、すなわち軍団に組織し、それぞれ司令官を任命し、一八四年、「蒼天《そうてん》はすでに死せり。黄天《こうてん》まさに立つべし。歳は甲子《かっし》に在り。天下は大吉ならん」をスローガンとし、この甲子の年をもって古い世界が終わり、新しい世界がはじまったと称して、全国にわたって反乱をおこした。結局これは成功せず、訓練や装備のゆきとどいた後漢の政府軍に鎮圧され、数年のうちに弾圧されて、その人員は政府軍に吸収された。これが「黄巾《こうきん》の乱」である。

こうしてふくれあがった政府軍の司令官たちは、今度は中央政界における権力の争奪をめぐって内戦をくりひろげ、洛陽は荒廃して、後漢の中央政府は事実上、消滅した。

四川におこった五斗米道

それはともかく、この太平道の黄巾の乱のスローガンから、かれらがなにか終末論的なヴィジョンを持っていたことがうかがわれるが、失敗した運動のこととて、詳しいことはわからない。しかし太平道と同時におこった五斗米道《ごとべいどう》のほうは、後世の道教の本流になったために、いくらか内容が知られる。

五斗米道は、太平道が波及しなかった四川の地におこった秘密結社で、明らかに終末論の思想を持っていた。その名は、やはり一八四年に四川で反乱をおこしたその指導者の張《ちょう》脩《しゅう》が、信徒から入門料として五斗（後漢時代の五斗はおよそ十リットル、日本の約五升に当たる）の米を徴収したことから出たといい、治病には静室《せいしつ》において思過《しか》、すなわち自分の罪を反省せしめ、告白を三通の文書にして、天官《てんかん》・地官《ちかん》・水官《すいかん》の神々に捧げて許しを乞う。これを「三官手書《さんかんしゅしょ》」という。信仰の厚い者は救われるのである。また同信の兄弟たちのために伝舎、すなわち会館を設け、無料で宿泊させ食事を供し、互助の機能を十分に発揮した。各地の細胞のリーダーは「祭酒《さいしゅ》」と呼ばれ、信徒はそれぞれ軍人の位階に類する階級を称した。救世軍に似ている。

一八八年に黄巾軍が四川に侵入し、成都《せいと》の方面を荒らし、重慶《じゅうけい》を攻めた。このとき首都の洛陽から四川に着任した益州牧《えきしゅうぼく》（長官）の劉焉《りゅうえん》は、五斗米道と連合して、そのリーダーの張脩と張魯《ちょうろ》を部下の軍隊の司令官に任命し、黄巾軍を撃退した。

その後、劉焉は張脩・張魯の五斗米道軍を派遣して、漢江《かんこう》の上流の渓谷を平定させ、南鄭《なんてい》に駐屯させた。かれらはその地に五斗米道の神政王国を建設し、教会の組織を通じて自治を実現した。

二〇〇年、張魯は張脩を殺し、劉焉から独立を宣言した。怒った劉焉は、自分の家に住みこんでいた張魯の母なる巫女を殺し、軍を送って張魯を攻めたが、張魯はこれを撃退し、かえって嘉陵江《かりょうこう》の渓谷を劉焉から奪った。これ以後、張魯は陝西《せんせい》南部から四川東部にかけて独立の勢力を保ち、二一五年にいたって曹操《そうそう》に降って閬中侯《ろうちゅうこう》に封ぜられ、曹操の息子は張魯の娘を妻にしたほどで、五斗米道は魏《ぎ》の保護を受けて、これからかえって中国全土に拡張するのである。北宋《ほくそう》の末にいたって、五斗米道は正一教《せいいつきょう》と呼ばれ、江西省東部の貴渓《きけい》県の龍虎山《りゅうこざん》を本山とし、代々張氏を天師《てんし》に奉じた。元《げん》の時代には、北京の西郊の白雲観《はくうんかん》を本山とする全真教《ぜんしんきょう》を北宗《ほくしゅう》と称するのに対して、正一教は南宗《なんしゅう》と呼ばれ、道教を二分する勢力になった。

五斗米道の創始者は、道教の文献によると、張魯の祖父の張陵《ちょうりょう》である。張陵は江蘇省の出身で、四川の西境、チベットに近い鵠鳴山《こくめいざん》で修行し、一四二年、太上老君《たいじょうろうくん》という神から「道《どう》」、すなわち宗教的真理の啓示を受け、翌一四三年、これを弟子たちに伝え、一五七年に白日昇天《はくじつしょうてん》した、といわれる。張陵をついだのは息子の張衡《ちょうこう》で、これまた一七九年に白日昇天した。張衡の息子で後継者が張魯である。張脩については、道教の文献にはいっさい記載がない。

三　北族の時代——中国史の第一期後期

古い漢族の絶滅

一八四年の黄巾の乱とともに、秦の始皇帝の統一ではじまった前期が終わって、後期がはじまる。後期の特徴は、古い漢族の事実上の絶滅と、北アジアからの新しい血液の流入による、新しい漢族の成長である。

黄巾の乱の後、中国の人口は極端に少なくなった。ことに華北の平野部ははなはだしく、千里、人煙を絶ち、白骨が草木の生い繁った下に散らばるといったありさまであったという。

黄巾の乱から五十年をへた二三〇年代に、当時の魏の高官三人が明帝《めいてい》に提出した意見書から、当時の中国の人口が推計できる。杜恕《とじょ》は「いま、大魏は十州の地を奄有《えんゆう》しているが、喪乱《そうらん》の弊《へい》を承《う》けて、その戸口を計れば、往昔《おうせき》の一州の民にも如《し》かない」といっている。十州というのは、後漢の十三州から、呉《ご》が支配する揚州《ようしゅう》、交州《こうしゅう》と、蜀《しょく》が支配する益州を除いた数である。後漢の中国の総人口は、一四〇年の統計では、四千九百十五万二百二十人だった。これから揚州、交州、益州の人口を差し引くと、残りの十州では、三千六百三十五万五千二百十人となる。魏の人口はその十分の一にも足りないというのだから、三百六十万人よりも少なかったわけである。

また陳群《ちんぐん》は「いまは喪乱の後で、人民はいたって少なく、漢の文帝、景帝の時に比べれば、一大郡に過ぎない」といい、蔣済《しょうさい》も「いまは十二州あるけれども、民の数にいたっては、漢の時の一大郡に過ぎない」といっている。十二州というのは、魏が雍州《ようしゅう》から涼《りょう》

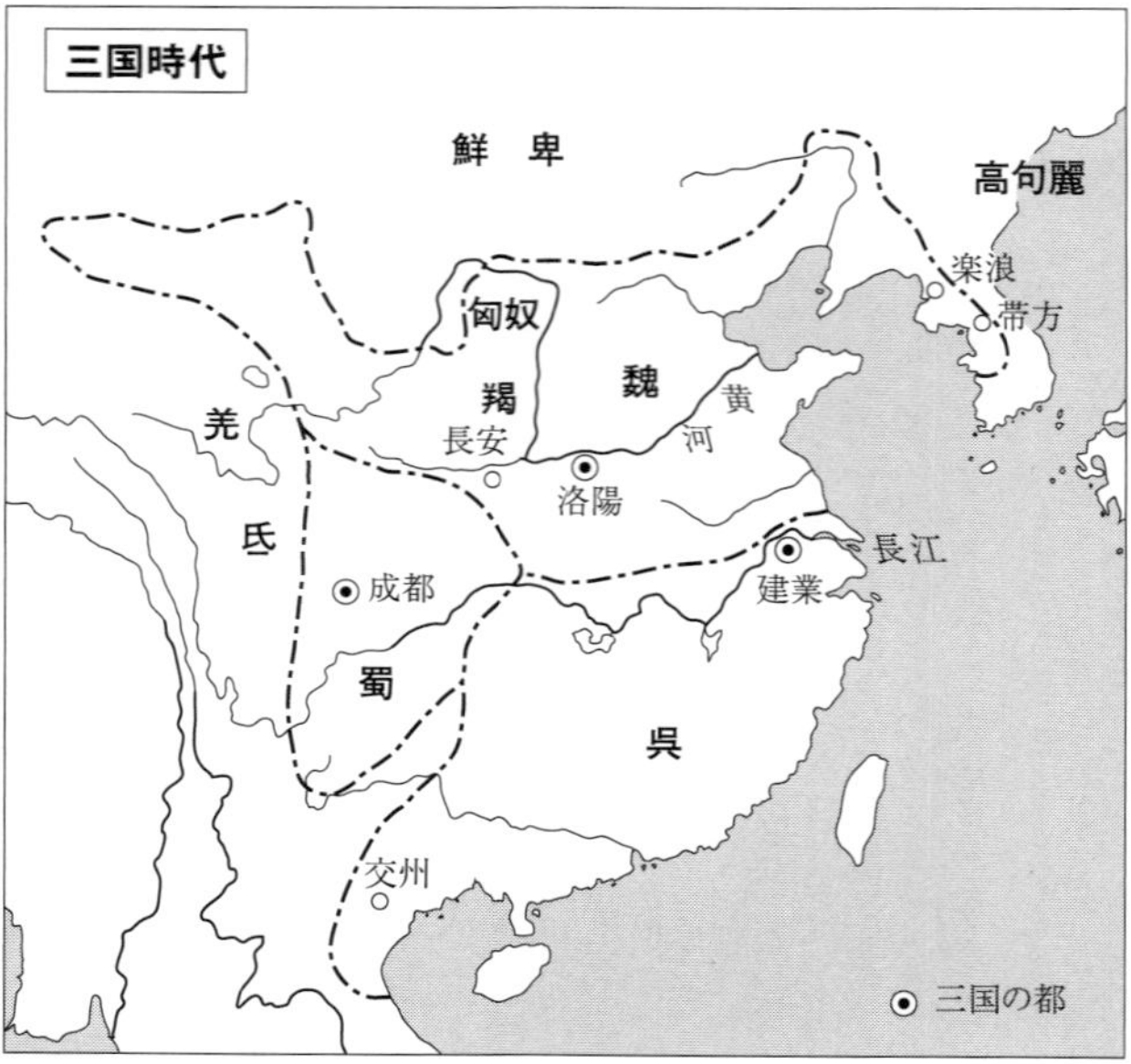

州《しゅう》、秦州《しんしゅう》をわけたからであって、杜恕のいう「十州」と同じ地域を意味する。とにかく前漢の最大の郡は、紀元二年の統計では、汝南《じょなん》郡の二百五十九万六千百四十八人、それにつぐのは潁川《えいせん》郡の二百二十一万九百七十三人であり、後漢では、最大が南陽《なんよう》郡の二百四十三万九千六百十八人、そのつぎが汝南郡の二百十万七百八十八人となっている。要するに三国時代の初期の魏の人口は、約二百五十万人ということになる。

　華北を支配した魏に対して、長江中流の武漢を中心とした地方と、下流の南京を中心とした地方だけを支配した呉の人口は、魏よりずっと少なく、約百五十万人というところであろう。皇甫謐《こうほひつ》(二一五～二八二年)のいうところでは、二四四年に将軍朱照日《しゅしょうじつ》が、呉の領するところの兵戸は十三万二千であると魏に報告している。兵戸というのは軍人の戸籍に登録されている家族のことで、一戸から一人が兵士になるとして、これをそのまま軍隊の定員と考えれば、後に呉が晋《しん》に併合された二八〇年の数字では、呉の全人口の九パーセントが兵士となっている。この比率を適用すると、三国時代の初期の呉の人口は約百五十万になるのである。

四川盆地を支配した蜀(実際は漢と称した)について、九十万人とも、百万人ともいわれているから、三国の合計は五百万人ということになる。これを傍証するように、皇甫謐は、一四〇年の後漢の南陽郡、汝南郡の戸口統計を引用して、「これを今に方《くら》べるに、三帝(魏・呉・蜀)が鼎足《ていそく》して、二郡を踰《こ》えない」といっている。これは四百五十万人以下、ということである。つまり、一八四年の黄巾の乱から半世紀の後、中国の人口は、十分の一以下に激減していたわけで、これは事実上、漢族の絶滅である。

五胡十六国の乱

これより先、二二〇年、後漢の最後の皇帝から帝位を禅《ゆず》られた魏の曹丕《そうひ》(文帝)は、その翌年の二二一年、西は宜陽《ぎよう》（河南《かなん》省の宜陽県、洛陽の西南）、北は太行《たいこう》山脈、東北は陽平《ようへい》（河《か》北《ほく》省の大名《たいめい》県、山東省・河南省との境）、南は魯陽《ろよう》（伏牛《ふくぎゅう》山脈）、東は郯《たん》（山東省の郯城《たんじょう》県、江蘇省との境）までの範囲を限って石標を立て、その内側を「中部《ちゅうぶ》の地」、すなわち「中国」として指定し、生き残った中国人をそのなかに移住させた。これはほぼ現在の河南省の全部と、山東省の西南部にあたる。この狭い範囲に中国人がたてこもることになり、その外側は、軍隊の駐屯以外には、ほとんど住民がなくなったのである。

こうして真空状態になった中国の周辺地帯には、人口の不足をおぎなうために、北方から鮮卑《せんぴ》、匈奴、羯《かつ》、氐《てい》、羌《きょう》などの、いわゆる「五胡《ごこ》」が移住させられてきて定着した。やがて魏は蜀を併合し、魏をのっとった晋が呉を併合して、二八〇年には、黄巾の乱以来ほとんど百年にして中国の再統一が成り、人口は一時、順調に回復しはじめた。『晋書《しんじょ》』の「地理志」には、二八〇年の人口を千六百十六万三千八百六十三人と記している。

しかし、わずか二十年にして、皇族の将軍たちのあいだの権力争いから、三〇〇年には「八王《はちおう》の乱」と呼ばれる全面内戦となり、統一は破れ、中国の人口はふたたび減少した。

それに乗じて、匈奴など、内地に定着した諸部族の軍閥もおこり、三〇四年に匈奴の劉《りゅう》淵《えん》が漢王と称して独立してから、いわゆる「五胡十六国《ごこじゅうろっこく》の乱」となった。

「五胡十六国の乱」は、内地に移住させられていた遊牧民が、われもわれもと反乱を起こ

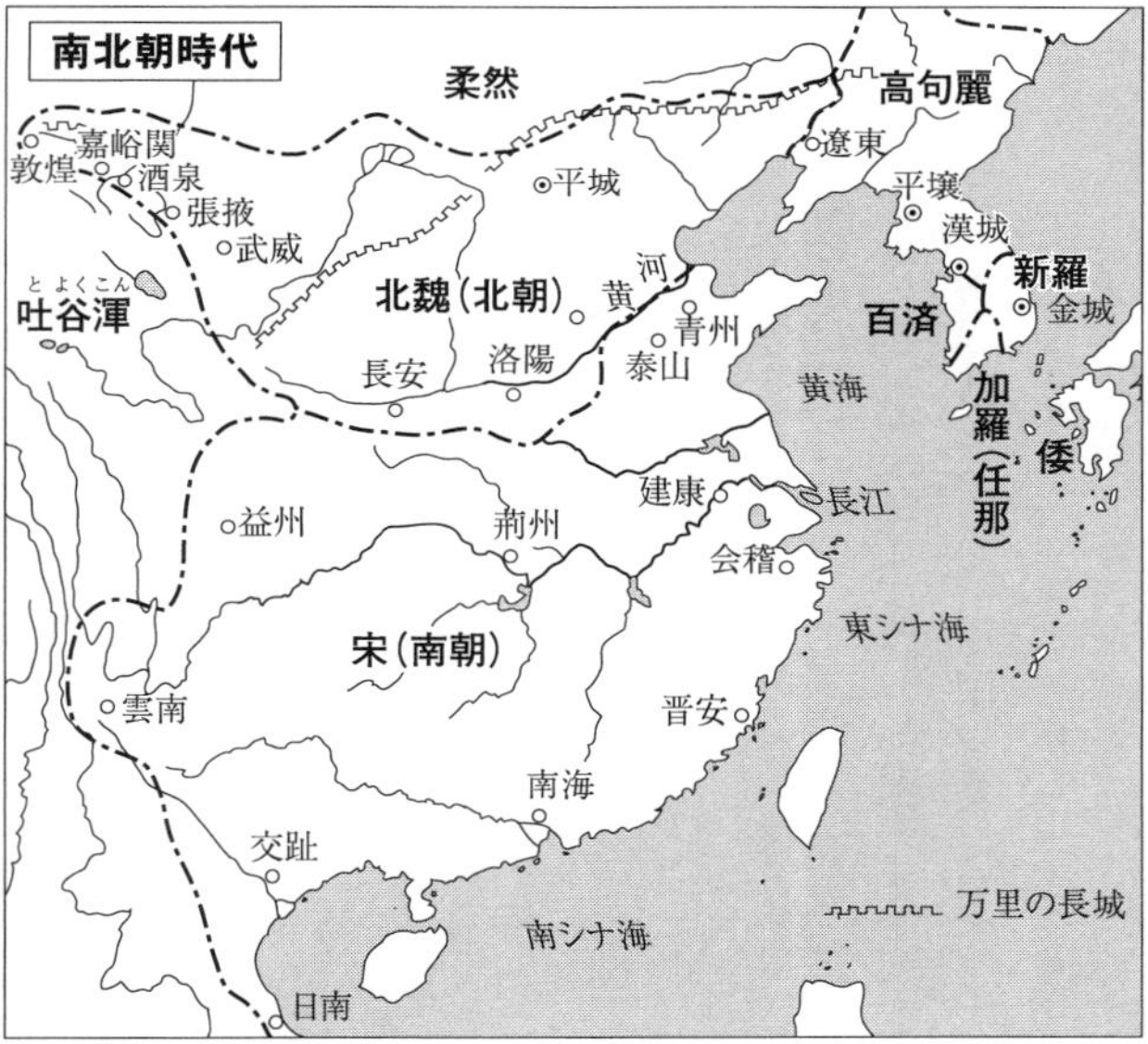

して、それぞれ王国を建てたものであるが、ようやく四三九年になって、鮮卑の拓跋《たくばつ》氏族が平城《へいじょう》（山西省大同市）に建てた北魏《ほくぎ》が華北を統一して、「南北朝《なんぼくちょう》」時代がはじまる。この百三十五年間に、華北の中原《ちゅうげん》の地は、まったく遊牧民の天下になってしまった。わずかに生き残った漢人は、長江《ちょうこう》の南の非漢人地帯に避難し、武漢《ぶかん》を中心とする長江中流域と、南京《ナンキン》を中心とする長江下流域に集結して、南朝と呼ばれる亡命政権をつくった。そして「南北朝」時代は、五八九年に隋《ずい》が陳《ちん》を滅ぼして中国を統一するまで、百五十年続くわけ

だから、結局、中国の分裂は、たった二十年間の晋の統一をはさんで、黄巾の乱から四百年以上も回復できなかったわけだ。

その原因は、人口の過少によって、農業生産の復興がままならず、食糧の余剰がなくて、統一のための戦争の余力に乏しかったことであろう。この人口過少期が中国史の第一期の後期である。

四　中国人と中国語の変質

反切と韻書の出現

黄巾の乱からの四百年間に目立った現象は、中国人と中国語の変質である。すでに述べたように、黄巾の乱にさいして中国の人口は十分の一以下に激減し、しかもその減少の大部分は、これまで中国の都市文明の中心であった華北の平野部でおこった。そしてそれに続いておこった五胡の移住と、五胡十六国の乱、南北朝の時代をつうじて、華北の支配者がすべてアルタイ系、もしくはチベット系の種族であったことから、漢語を話す人びとももはや漢族ではなく、しかもその話す漢語もそれまでの秦・漢時代までの言語と同じではなくなった。

後期における漢語の発達史上、見逃すことのできない現象は、「反切《はんせつ》」と「韻書《いんしょ》」の出現である。

儒教が国教であり、その経典の知識に基づいて官吏が選ばれた後漢時代においては、漢字の読み方は公用のものが規定され、洛陽の太学において伝授されていたはずである。ところが黄巾の乱以後、洛陽が荒廃して無人の地となり、しかも文人官僚の時代が去って軍閥の内戦時代となると、漢字とその読み方の知識は、あやうく難をのがれて地方に亡命した、ごく少数の学者によって後世に伝えられなければならなかった。そこでこれまで師から弟子へと口伝口授によって伝えられるだけであった漢字の伝統的な発音を記録し、知識の亡逸を防ぐために考案されたのが「反切」である。

これはたとえば「東《とう》」の音を「徳《とく》」と「紅《こう》」の組み合わせで示すやり方で、「徳」をtək、「紅」をxungとかりに読むものとすると、「東」はtəkの頭子音と、xungの母音と尾子音を組み合わせてtungと読むことになる。この方式は、おそらく二つの漢字の音をいれかえることによって新しい語をつくってゆく遊びから発達したものであろう。

とにかくこれによって、「反切」に用いられた二字のそれぞれの読み方をすでに知っているかぎり、新しい字の読み方もわかるようになった。しかしこの「反切」方式は、三つの字の音のあいだの相対関係しかあらわさない。たとえば「徳」をtak、「紅」をanと読む方言では、「東」はtungではなくtanと読まれることになる。つまり「反切」は、絶対音価をあらわせないのである。

それはともかく、「反切」が黄巾の乱以後にはじめて記録にあらわれることは、文字の知識が滅亡に瀕した当時の状況を物語っている。

同様にして、「韻書《いんしょ》」もこうした文化状況の産物である。これは漢字の読音の母音と尾子音の同じものごとにグループわけして、記憶と検索に便利にしたもので、その最初のものは魏の李登《りとう》の『声類《せいるい》』であった。

こうした「反切」と「韻書」は、つぎの中国史の第二期の最初になって総合されて『切《せつ》韻《いん》』となるのだが、ここに反映されている漢字音には、きわだった特徴がある。それはまず、これまで頭子音にあらわれていた二重子音が消失したことと、頭子音rがlに変化したことである。これは、アルタイ系の言語では、語頭に二重子音がないことと、rが語頭に立ちえないことを考えれば、アルタイ的な特徴である。これは後期の中国人の言語の基層がアルタイ系であったこと、いいかえれば、この時代の中国人は、すでに秦・漢時代の中国人の子孫ではなかったことを示している。これが一八四年の黄巾の乱の後遺症であることはすでに述べた。

つまり南北朝時代の、ことに華北の中国語は、お互いに出身を異にする北アジア系の種族が、共通のコミュニケーションの手段として採用した、大いになまりの強い漢語だったのである。このことは、かつての漢語が、これまた四夷《しい》の相互のコミュニケーションのためのピジンであったことのくりかえしである。ただしちがいは、昔に成立した「雅言《がげん》」はタイ系の夏人の言語を基層にしたものであったが、今度の新しい漢語は、アルタイ系の言語の音韻を基層にしている点である。つまり中国のアルタイ化であった。

第四章　新しい漢族の時代

——中国史の第二期

一　中国史の第二期──隋、唐、五代、北宋、南宋

新しい漢族と人口重心の南下

五八九年に隋の文帝が、江南《こうなん》の陳《ちん》を併合して、中国を統一してから、一二七六年に元《げん》の世祖《せいそ》フビライ・ハーンが南宋《なんそう》を滅ぼして、東アジアを統一するまでの約七百年間が、中国史の第二期である。そのうち、五八九年から、契丹《きったん》（遼《りょう》）の太宗《たいそう》が華北に介入して、後唐《こうとう》を滅ぼし、河北省北部、山西《さんせい》省北部の「燕雲《えんうん》十六州」の地を獲得した九三六年までを、その前期、九三六年から一二七六年までを、その後期とする。

前期の政治史の特徴は、五胡十六国の乱から南北朝時代にかけて華北に入居した北アジア系の人びとの子孫が、新しい漢族（北族）の主流になったことと、その一方、華中が開発されて、人口と農業生産力の重心が南方に移動したことである。

この時代の王朝である隋も唐も、その帝室は鮮卑《せんぴ》系の王朝であった北魏《ほくぎ》、西魏《せいぎ》、北周《ほくしゅう》のもとで実現した、鮮卑族と、鮮卑化した漢族の結合した集団のなかから出てきたものである。いずれの王朝も、北周の根拠地であった陝西《せんせい》省にひきつづき本拠をおく一方、交通

の要衝である洛陽《らくよう》盆地と華中の生産力の中心をむすぶ大運河によって、東南方、南方への勢力を維持した。

二　『切韻』と科挙

漢字の標準発音の統合

この時代の中国の歴史の上で、もっとも重要な事件の一つは、六〇一年に陸法言《りくほうげん》が『切韻《せついん》』五巻をつくったことである。陸という姓から推察されるとおり、陸法言は鮮卑人で、古来の韻書の記述を総合して、漢字の発音の標準を定めようとして、この『切韻』を編纂したのである。

『切韻』は、二百六の韻をトーンで分類して、平声《ひょうじょう》(たいらトーン)五十七韻、上声《じょうしょう》(あがりトーン)五十五韻、去声《きょしょう》(さがりトーン)六十韻、入声《にっしょう》(つまりトーン)三十四韻にわけ、さらに各韻のなかを細かくグループわけしている。これは、それまで多くの流儀のあった韻書のわけ方を、すべて重ね合わせて、わけられるだけわけた結果である。六〇一年当時には、著者の陸法言自身といえども、ことごとく明瞭に発音しわけられたはずはない。つまり南北朝時代をつうじて、それぞれ方言の異なる地方に生まれ育った人びとが、昔の後漢時代の太学《たいがく》での標準発音だとして、師から弟子へと口うつしに伝えていた。それをいろいろな時代の人びとが、それぞれ韻書にまとめた。その分類を、総合し統一して、新たな標準発音をつくりだそうとしたものが、陸法言の『切韻』なのである。完成まで十数年かかったというのも、それがすでにどこかに実際に存在している「中国語」を基礎にして記述したものではなかったことを考えれば当然である。

この時期のもう一つの重要な事件は、六〇七年に科挙《かきょ》の制度がはじまったことである。この年、隋の煬帝《ようだい》が下した詔に、「文武の職事のある者は、五品以上はよろしく十科に依って人を挙げるべきである」と言っている。十科というのは、隋の制度ではなんであったか明らかではないが、唐の制度では秀才科、明経科、俊士科、進士科などがあり、うち進士科がもっとも人気があった。

いずれにせよ、詩文の能力の試験の成績によって、人材を登用して官吏とするこの制度は、身分や出身地にかかわりなく、だれでも漢字の使用能力さえすぐれていれば、政府の要職に栄達をとげて、富と権力を手中にすることを可能にした。これは多言語国家であ

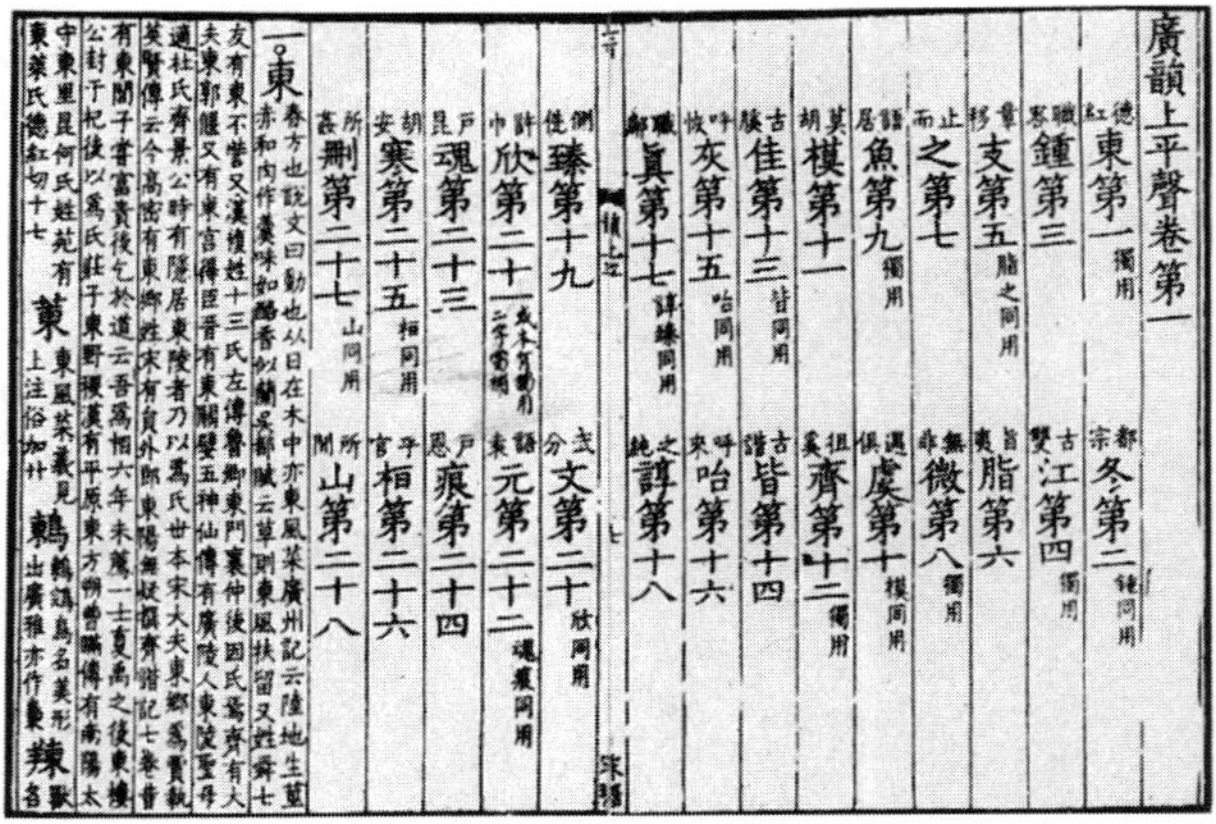
廣韻上平聲卷第一
東第一 獨用　冬第二 鍾同用
鍾第三　江第四 獨用
支第五 脂之同用　脂第六
之第七　微第八 獨用
魚第九 獨用　虞第十 模同用
模第十一　齊第十二 獨用
佳第十三 皆同用　皆第十四
灰第十五 咍同用　咍第十六
眞第十七 諄臻同用　諄第十八
臻第十九　文第二十 欣同用
欣第二十一　元第二十二 魂痕同用
魂第二十三　痕第二十四
寒第二十五 桓同用　桓第二十六
刪第二十七 山同用　山第二十八
一東

宋本『広韻』

り、漢字とその組み合わせにもとづいた人工的な言語以外にコミュニケーションの手段がなかった中国においては、きわめて必然のことであった。

しかし詩文を読みこなし、つくりこなすためには、標準的な漢字音に精通していなければならない。その標準的な漢字音を知るための手引書としておおいに重宝されたのが『切韻』であった。これは六七七年にいたって、長孫訥言《ちょうそんとつげん》（名前からみて、やはり鮮卑系）の改訂本がつくられ、七五一年にいたって、孫愐《そんめん》がさらに増訂して『唐韻《とういん》』となり、宋《そう》に入って一〇一一年の『広韻《こういん》』となった。これ以後、中国の歴代の韻書における韻の分類は、ことごとく『切韻』を基礎とすることになった。つまり漢字の『切韻』音は、これ以後の

「中国語」の一種の基準とされるにいたったのである。

しかし、それはこれ以後の中国王朝の首都の標準語が『切韻』音になったという意味ではない。中国では、話しことばの発音は、あくまでも漢字の読み方とは別個の系統のものであって、漢字の読音は、普通の中国人にとっては意味のわからない、まったく人工的なものであった。

それにもかかわらず、科挙の試験とそれを受けるための教育の普及は、本来はあくまでも人工的な記号体系である漢文から、中国人の日常の話しことばへの大きな影響をもたらすことになった。ことにこのプロセスを促進したのは、唐末、九世紀から盛んになった木版印刷術の発達である。これまで巻子本《かんす》の形式で、筆写によって流通していた書物は、印刷された冊子本となって大量に、したがって廉価に、容易に入手できるようになり、書物を学ぶ階層が一気に拡大した。

阻害された情緒語彙の発達

それとともに『切韻』音によって音読され、発音をあたえられた漢字の組み合わせが、新たに借用語となって、中国人の言語生活に大量に侵入しはじめた。こうした文字の世界から言語の世界へ侵入してきた『切韻』音は、これまで地方ごとに非常に異なっていた中国各地の日常語に、厖大《ぼうだい》な量の共通の借用語を注入し、これを漢字で書きあらわすことをある程度までは可能にした。そのかぎりにおいて、そうした異なった話しことばが一見、字面の上だけでは、「中国語」の方言であるかのような外観をあたえるようになったのである。

しかし『切韻』は、その韻の分類も、そこに注記された「反切《はんせつ》」も、それぞれの漢字の絶対音価が変わらないことを保証するものではなかった。いずれも漢字音の相互間の関係だけを規定するものであったから、当然、漢字の読み方を学ぶ側の話しことばの音韻組織しだいで、発音できない音、発音しわけられない音ができてくる。だから、いくら漢文からの借用語が共通でも、出身の地方がちがえば、その発音もちがい、耳できいただけでは理解できず、字に書いてはじめて理解できる性質のものになってしまう。

しかも文字の世界で特有の論理にもとづいて開発された漢字の組み合わせ、すなわち熟字のきわめて高度な発達は、それを借用する側の話しことばの、ただでさえ未発達な語彙をさらに圧迫して、情緒の方面の語彙の発達を阻害することとなり、その結果、さらに熟字のストレートな借用を促進するという悪循環を招くこととなった。もともと抽象的な表現にむいていない漢字の性質がこれに拍車をかけて、中国人の感情の自由な表現はほとんど不可能になったのである。

こうした現象は、漢字ではなく別の表音文字を採用したり、または漢字を採用してもそれにあわせて表音文字を使用した種族、つまりモンゴル族、満洲族、朝鮮人、日本人にはみられず、そこには情緒をきめこまかく表現する大量の語彙が存在する。これに反して中国では、『紅楼夢《こうろうむ》』のような小説でさえ、感情を表現する文字はほとんどみられず、具体的な事物と行動の描写に終始しているのである。

三　漢族（北族）から北族（新北族）へ――第二期の前期と後期

隋・唐歴代皇帝の出自

中国史の第二期の前期（五八九～九三六年）には、北族の中華帝国（隋・唐）は、南北朝時代に形成された北族の住地、すなわち狭い意味での中国だけではなく、広く東北アジア、北アジア、中央アジアに勢力圏をひろげた。これは東北では大興安嶺《だいこうあんれい》東斜面の半農半牧の契丹《きったん》族、北方ではモンゴル高原のトルコ系遊牧民のウイグル族、沙陀《さだ》族などを中国の商業網にむすびつけて、つぎの後期（九三六～一二七六年）を準備することになる。

　漠北《ばくほく》（ゴビ砂漠の北、いまのモンゴル国）のウイグルは、七四四年に建国し、七五五～七六三年の安史《あんし》の乱では唐の内戦に介入して北アジアの覇権を握り、八三九年にキルギズの侵入によって瓦解するまで、モンゴル高原に活躍した。

　大同《だいどう》盆地の沙陀は、黄巣《こうそう》の乱（八七五～八八四年）でやはり唐の内戦に介入して山西《さんせい》高原を支配し、唐の滅亡（九〇七年）後は、黄巣の系統で開封《かいほう》によった後梁《こうりょう》と争い、九二三年、後梁を滅ぼして洛陽に進出して後唐《こうとう》朝をたて、九三六年にいたって契丹に覇権を奪われるまで、華北にトルコ系の王朝を維持した。これは鮮卑系の北族から、さらに北方の、より漢字化されていない民族、新北族に、中国の政治史の本流がうつってゆく過程を示している。

　ここで歴代の皇帝の出自について一言する。

　隋・唐の帝室は、ともに西魏の宇文泰《うぶんたい》とともに興った。宇文泰は鮮卑だったが、五三四年、北魏が東西に分裂すると、西魏の

隋王朝（楊氏）系譜

①581-604 文帝　堅 ―― ②604-618 煬帝 ―― △
- ③617-618 恭帝　侑
- ④618-619 恭帝　侗

※数字は即位順と在位期間

唐王朝（李氏）系譜

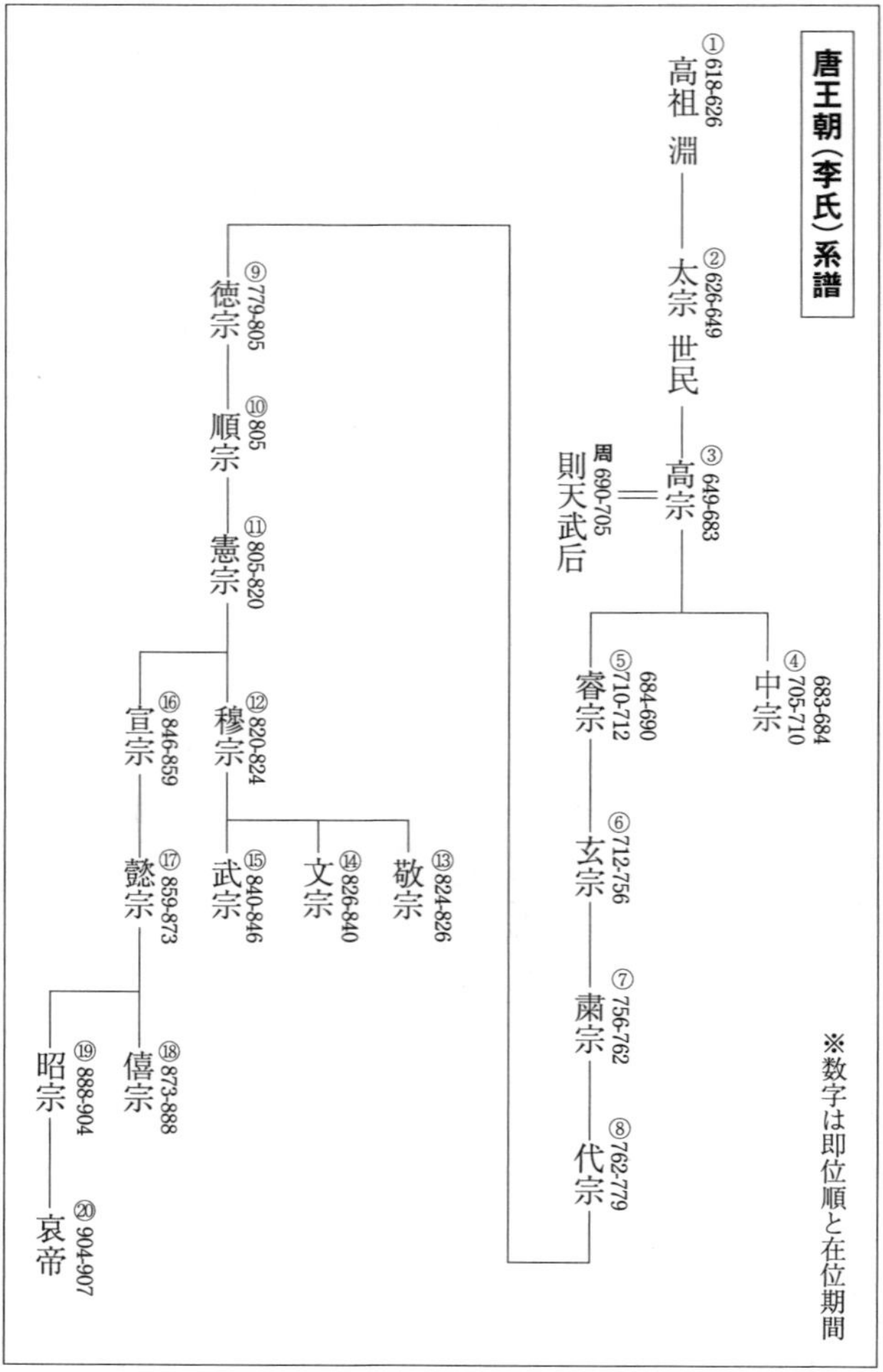
①618-626 高祖 淵
②626-649 太宗 世民
③649-683 高宗
周 690-705 則天武后
④683-684 705-710 中宗
⑤684-690 710-712 睿宗
⑥712-756 玄宗
⑦756-762 粛宗
⑧762-779 代宗
⑨779-805 徳宗
⑩805 順宗
⑪805-820 憲宗
⑫820-824 穆宗
⑬824-826 敬宗
⑭826-840 文宗
⑮840-846 武宗
⑯846-859 宣宗
⑰859-873 懿宗
⑱873-888 僖宗
⑲888-904 昭宗
⑳904-907 哀帝
※数字は即位順と在位期間

文帝を奉じて長安《ちょうあん》（西安）に独立し、東魏の高歓《こうかん》（やはり鮮卑）と対立した。五五〇年、宇文泰は自分と同じ立場の鮮卑を八柱国《はっちゅうこく》とし、その下に二人ずつの大将軍をおいたが、八柱国の一人は隴西《ろうせい》郡開国公・李虎《りこ》であり、もう一人の柱国・独孤信《どっこしん》の下の大将軍の一人は陳留《ちんりゅう》郡開国公・楊忠《ようちゅう》である。そして楊忠の息子の楊堅《ようけん》は、隋の初代の皇帝・高祖であり、李虎の孫の李淵《りえん》は、唐の初代の皇帝・高祖である。これでわかるように、隋も唐も、鮮卑だったのである。

後周王室も鮮卑だった

唐は九〇七年にいたって後梁の朱全忠《しゅぜんちゅう》に滅ぼされる。朱全忠はもと朱温《しゅおん》といい、宋州碭山《とうざん》県（安徽省碭山県）の人で、まったくの漢人である。朱温は黄巣の反乱軍に加わり、のち八八二年、黄巣に反して唐につき、唐の僖宗《きそう》皇帝から全忠という名を賜っている。

これに対して、後梁を滅ぼした後唐も、そのあとを継いだ後晋《こうしん》も、そのあとを継いだ後《こう》漢《かん》も、西突厥《にしとっけつ》の沙陀族のトルコ人だった。後唐の荘宗《そうそう》・李存勗《りそんきょく》の養子が明宗・李嗣源《りしげん》であり、明宗の養子が廃帝・李従珂《りじゅうか》である。

後晋の高祖・石敬瑭《せきけいとう》は、後唐の明宗の女婿で、その親衛隊長（侍衛親軍馬歩軍都指揮使）だった。九三六年、契丹の太宗が侵入して後唐が滅びると、石敬瑭は契丹に降り、その助け

五代十国時代
遼（契丹）
上京臨潢府
渤海
燕雲十六州
晋陽
北漢
(951～979)
開城
後梁
(907～923)
後晋
(936～946)
後漢
(947～950)
高麗
平安京
日本
タングト
渭河
黄河
開封（汴）
長安
洛陽
吐蕃
後蜀
(934～965)
後周
(951～960)
後唐
(923～936)
淮河
金陵
揚州
呉
(902～937)
蘇州
杭州
成都
前蜀
(902～925)
江陵
荊南
(907～963)
長江
呉越
(907～978)
長沙
南唐
(937～975)
楚
(927～951)
福州
閩(909～945)
大理
大理
広州
南漢
(967～971)
交州
大越
万里の長城

で後晋の皇帝となった。後晋の出帝・石重貴《せきじゅうき》は石敬瑭の兄の子で、その養子となっている。後漢の高祖・劉知遠《りゅうちえん》は、やはり沙陀族の人で、石敬瑭とともに後唐の明宗に仕えており、石敬瑭が皇帝となってから、その親衛隊長をつとめている。なお後漢が九五〇年に亡んでから、翌年、太原において皇帝を称した劉崇《りゅうすう》（一名、劉旻《りゅうびん》）は、劉知遠の弟で、北漢《ほっかん》と呼ばれ、その子の劉承鈞《りゅうしょうきん》、その養子の劉継恩《りゅうけいおん》、同じく養子の劉継元《りゅうけいげん》におよんで、九七九年に北宋に滅ぼされている。

ここで問題は、後周《こうしゅう》である。後周の太祖・郭威《かくい》は邢州尭山県《けいしゅうぎょうざん》（河北省の隆尭県《りゅうぎょう》）の人だというから漢人のようであり、世宗《せいそう》・柴栄《さいえい》は邢州龍岡県《りゅうこう》（河北省の邢台市《けいだい》）の人、郭威の妻の兄の子で、その養子になったというから、やはり漢人みたいである。しかしいまの地図を見ると、河北省の南端に隆尭県と邢台市があり、あい隣接している。それればかりではない。じつは鮮卑の唐の興ったのも隆尭県であり、その先祖の李熙《りき》・李天賜《りてんし》の二代の墓がここにあり、李天賜の息子が李虎であった。つまり隆尭県は、鮮卑の住地だったのである。これから考えると、郭威・柴栄ももともとは鮮卑だったとしてよい。

それのみにとどまらない。北宋の太祖・趙匡胤《ちょうきょういん》も問題である。趙匡胤は、涿郡《たく》（河北省の固安県《こあん》）の人というから、いまの北京市のすぐ南である。ここは唐代には外国人の住地で、ソグド人やトルコ人や契丹人がおおく住んでいた。あの安禄山《あんろくざん》は北京の人（営州《えいしゅう》の雑胡《ざっこ》)で、父はわからないが、母はトルコ人の巫《みこ》であり、ここを根拠にして七五五年、唐に反乱をおこしたのである。

趙匡胤の父・趙弘殷《ちょうこういん》は、後唐の荘宗の親衛隊の出身で、後周の世宗の親衛隊長になった。その子の趙匡胤は、後周の世宗の親衛隊長から、九六〇年、世宗の子の恭帝《きょうてい》にかわって宋《そう》の皇帝となり、五代を終わらせている。沙陀トルコ人の後唐の親衛隊とか、おなじように出自が問題の後周の親衛隊長とかいうのから見て、宋の趙氏も漢人かどうかあやしい。やはり本当は北族の出身であろう。

四　北京の重要性

新北族のイニシアティヴ

中国史の第二期は、また北京の地が全国的な重要性をもつにいたった時期でもある。この地は、隋の煬帝の高句麗《こうくり》征討(六一二年、六一三年、六一四年)、唐の太宗《たいそう》(李世民《りせいみん》)の高句麗征討（六四五年、六四七年、六四八年）、高宗《こうそう》の高句麗征服（六六七〜六六八年）にさいして中国軍の基地となってから繁栄した。北京は、シルク・ロードの東方の終点として、ソグド人、トルコ人、契丹人などが多く雑居する国境の町であり、トルコ系の安禄山が節度使としてここに拠って、ここから安史の乱（七五五〜七六三年）をおこした。その鎮定後も、唐朝の最大の対抗勢力の一つである軍閥の拠点となり、たびたび契丹の攻撃を受けた。

それが九三六年、沙陀族の後唐朝の内紛に介入した契丹の太宗が、後唐にかわった同じ沙陀族の後晋の石敬瑭から燕雲《えんうん》十六州の割譲を受けると、大同《だいどう》とならんで、北京は契丹の華北への足がかりとなり、契丹はここに南京析津府《なんけいせきしんふ》をおき、領内の漢人の統治の中心とした。さらに女直《じょちょく》族の金《きん》がおこると、一一一五年、金は北京に中都《ちゅうと》をおいて、長江以北の征服地の行政の中心とした。金にかわったモンゴル族は、世祖フビライ・ハーンが、北京を冬営地、大都《だいと》カーンバリクとして、ゴビ砂漠以南の全征服地の行政の中心とする。

すなわち中国史の第二期の前期、後期をつうじて、一貫してみられる傾向は、契丹、女直、モンゴルという東北アジア、北アジアの勢力の優勢にともなって、北京の地の重要性が高まっていったことである。これはそのまま、いまや中国は北族だけの中国ではなく、北族と新北族の中国、しかも新北族がイニシアティヴを握る中国に変化してゆきつつあったことを意味する。

第五章　華夷統合の時代

一　モンゴルの登場

『集史』に記された伝説

中国史の第三期をつくったモンゴル人は、また世界史においても、そのはじめを開いた人びとでもある。

モンゴルという部族は、早くも七世紀に姿をあらわした。『旧唐書《くとうじょ》』・『新唐書《しんとうじょ》』のそれぞれ「北狄《ほくてき》列伝」に、倶輪泊《ぐりんはく》（いまの内モンゴル自治区のホロン・ブイル盟のホロン・ノール湖）から望建《ぼうけん》河（一に室建《しつけん》河。シベリアと内モンゴル自治区のあいだを流れるアルグン河）が出て、屈曲して東に流れ、西室韋《せいしつい》の界を経て、また東して大室韋《だいしつい》の界を経、また東して蒙兀室韋《もうごつしつい》の北、落俎室韋《らくそしつい》の南を経る、とある。この蒙兀室韋は、一に蒙瓦部《もうがぶ》とも書き、すなわちモンゴル部族である。これでみると、このころのモンゴルはアルグン河の南に居たようだが、ずっと後世の一三〇三年にラシード・ウッ・ディーンがペルシア語で書いた『ジャミーア・ウッ・タワーリーフ』、訳すれば『集史《しゅうし》』という書物に、モンゴル人が口頭で語り伝えた伝説として、つぎのような話が載っている。

「むかしむかし、チンギス・ハーンが生まれるよりも二千年も前のこと、モンゴル部族は、ほかの部族によって征服され、皆殺しにされたことがあった。このとき生き残ったのは二人の男と二人の女だけであった。この二組の夫婦は、難を逃れて、エルゲネ・クンと呼ばれる山脈に囲まれたある土地に逃げこんだ。エルゲネ・クンというのは、『けわしい岸壁』という意味である。この土地は豊かなよいところだったので、二組の夫婦の子孫はどんどん増えて、ヌクズとキヤンという二つの氏族になった。しかし切り立った岸壁に囲まれた狭い土地に閉じこめられて、どこにも行くところのなかったこの人びとは、外に出る方法を考えた。山のなかに鉄の鉱石の採れるところがあったが、そこに木材をたくさん積み上げて火をつけ、七十本のふいごで吹き立てて岩を溶かし、山の横腹に坑道を開けた。こうしてひろい世界に出てきた人びとが、モンゴル部族の先祖になったのである」

エルゲネ・クンというのは、古いモンゴル語で「アルグン河の断崖」という意味で、アルグン河のほとりのどこかに、ここからモンゴル部族の先祖が出てきたという、洞窟があったらしい。似たような話は、鮮卑にもあって、内モンゴル自治区のオロチョン自治旗の「嘎仙洞《かつせんどう》」という洞窟に、四三三年に北魏の太武帝《たいぶてい》が刻ませた漢文があり、ここがわが先祖が出てきたところだといっている。

タタルとケレイト

それはともかく、モンゴル部族がはじめて歴史に登場した七世紀には、モンゴル高原は唐帝国の支配下にあったが、やがて六八二年、南モンゴルでトルコの阿史那《あしな》氏族のクトルグという者が兵を挙げて唐から独立し、北モンゴルに進出して、ハンガイ山脈に本拠をおいた。これが突厥《とっけつ》（トルコ）第二帝国である。

突厥第二帝国は、はじめてトルコ語を文章語にし、これからトルコ語がひろく遊牧部族のあいだに通用するようになった。七四四年、北モンゴルのウイグル氏族のクトルグ・ボイラという指導者が突厥から独立し、翌年、突厥を攻めてこれを滅ぼした。ウイグル帝国の建国である。ウイグル人自身は、それまで北モンゴルのトーラ河の北方に遊牧していて、トルコ語を話さなかったと思われるが、共通の公用語としてトルコ語を採用した。

ウイグル帝国の建国後まもなく、中国の唐で七五五年に安史《あんし》の乱がおこった。ウイグル人はこれに介入して粛宗《しゅくそう》皇帝の長安（西安）奪回を援助し、七六二年に乱は終わった。

ウイグル帝国の建国から百年近くたった八四〇年、キルギズ人の反乱がおこった。西北方から侵入してきたキルギズ軍に北モンゴルの本拠地を奪われて、ウイグル帝国は瓦解し、ウイグル人たちは四散した。そのうち天山《てんざん》山脈にうつった者は、ベシュバリクのウイグル王国を建てた。甘粛《かんしゅく》省に逃れてチベット帝国の保護を受けたものは、甘州《かんしゅう》（甘粛省の張掖県《ちょうえきけん》）のウイグル王国を建てた。

こうしてキルギズ部族は、ウイグル人にかわってモンゴル高原の支配者になったが、その支配は長つづきしなかった。ウイグル部族の故郷のセレンゲ河流域の東隣、ケンテイ山脈の東方には、タタルと呼ばれる遊牧民が住んでいたが、タタル人はキルギズ人のモンゴル高原支配に抵抗して、八六〇年代にはキルギズ人をアルタイ山脈の北方に撃退してしまった。そしてかつてのウイグル帝国の本拠地であった北モンゴル中部に進出したタタル人は、やがてケレイトと呼ばれる部族になる。このケレイト部族と、北モンゴル東部に残ったタタル部族とが、チンギス・ハーンのモンゴル部族と深い関係をもつことになる。

二　契丹人と北宋の「中華思想」

皇帝併存の承認

このころ、大興安嶺《だいこうあんれい》山脈の南部、遼寧《りょうねい》省の西部のシラ・ムレン河とローハ・ムレン河の流域に、契丹《きったん》という部族が遊牧していた。契丹を、突厥第二帝国時代のトルコ語の碑文は、キタニと呼んでいる。このキタニが、のちのトルコ語ではキタイとなった。十世紀のはじめに、耶律阿保機《やりつあほき》（遼《りょう》の太祖《たいそ》）という契丹王があらわれて、九一六年、大契丹国皇帝の位に登り、九一九年、親征してケンテイ山脈以東のタタル部族を大いに撃破した。太祖は九二四年、ふたたび親征してケンテイ山脈以西のケレイト部族を撃破し、オルホン河畔のウイグル時代の都市オルドゥバリクにまで達し、さらにそこから南へゴビ砂漠を横断して、甘州のウイグル王国を攻めた。

太祖は九二六年、吉林《きつりん》省の東部にあった狩猟民の国、渤海《ぼっかい》王国に親征してこれを滅ぼし、その帰途に死んだ。息子の太宗《たいそう》があとを継いで、九二八年、契丹軍を送ってタタルを征伐し、これを完全に服属させた。その地には契丹人が入植し、ケルレン河沿いにいくつもの都市が建設された。

いっぽう、中国のほうでは、後唐《こうとう》で内紛がおこって、太原の沙陀人を率いる将軍石敬瑭《せきけいとう》は、九三六年、洛陽の朝廷にそむいて契丹と同盟した。契丹の太宗は、みずから軍を率いて石敬瑭の救援におもむき、石敬瑭に大晋皇帝の称号を与えて、中国の正統の君主として承認した。その代償として、石敬瑭は「燕雲《えんうん》十六州」の地を契丹に割譲し、こうして契丹の後援のおかげで、石敬瑭は洛陽の後唐朝を滅ぼし、かわって開封《かいほう》に後晋《こうしん》朝を開いた。このため契丹人は、北京と大同《だいどう》を手に入れて、中国と南モンゴルに対して圧倒的に有利な立場に立つこととなったばかりでなく、この立場は、女直人の金帝国、モンゴル人のモンゴル帝国にも引き継がれたのである。

北モンゴルに対しては、契丹は九八二〜九八五年と九九四〜一〇〇〇年の二回、ケレイトの討伐を行ない、ケレイト王鉄剌里《テラリ》は衆を率いて契丹に服属した。契丹は一〇〇三年、トーラ河とケルレン河のあいだの、ウイグル帝国時代の都市であった可敦《カトン》城を修復し、翌年、ここに鎮州《ちんしゅう》建安軍《けんあんぐん》という軍事基地をおいて、ケレイトの統治の中心とした。

同じ一〇〇四年、契丹の聖宗《せいそう》はみずから軍を率いて北宋に侵入し、澶州《せんしゅう》（河南《かなん》省北端の濮陽《ぼくよう》県）に達し、ここで北宋の真宗《しんそう》と対陣した。ここで契丹と北宋のあいだに和議が成立し、真宗は契丹の皇太后を自分の叔母と認め、北宋から契丹に毎年、十万両の銀と二十万匹の絹を支払うことになった。これを澶淵《せんえん》の盟という。

この和平の条件は、われわれの感覚からすると、きわめて現実的で、大して問題はないように見える。しかし司馬遷の『史記』にはじまる「正統」の歴史観で見れば、北宋としては二人の皇帝の併存を公式に承認したことになる。言い換えれば、これでは北宋の皇帝は、天下の統治権をもつ、ただ一人の正統の皇帝ではないことを認めたことになる。これは北宋にとって、屈辱以外のなにものでもなかった。

屈辱が生んだ中華思想

こうした屈辱の反動で、実際は古く入植した遊牧民の子孫である北宋の人たちが、自分たちが「正統」の「中華」だ、「漢人」だと言いだして、傷ついた自尊心をなぐさめ、新しく北方におこった遊牧帝国を、成り上がりの「夷狄《いてき》」とさげすんで、せめてもの腹いせにしたのが「中華思想」の起源になった。

北宋の宰相《さいしょう》であった司馬光《しばこう》が主となって編纂した『資治通鑑《しじつがん》』という編年体の歴史書があり、一〇八四年に完成しているが、その中華思想の態度は、いわゆる南北朝の扱いに、もっともはっきりあらわれている。これは秦の始皇帝以前の紀元前四〇三年から、北宋の太祖が皇帝になる前の年の九五九年まで、千三百六十二年間のできごとを月日をおって記した書物であるが、南北朝の時代になると、『資治通鑑』は南朝の年号だけを標記して北朝の年号を標記せず、東晋《とうしん》・宋・南斉《なんせい》・梁《りょう》・陳《ちん》のいわゆる南朝の皇帝を「皇帝」と呼び、北魏《ほくぎ》・東魏《とうぎ》・西魏《せいぎ》・北斉《ほくせい》・北周《ほくしゅう》のいわゆる北朝の皇帝を「魏主」「斉主」「周主」としか呼ばない。北朝は正統ではなく、したがってほんとうの皇帝ではない、という態度である。

この『資治通鑑』の思想が、後世の中国史研究者におよぼした影響はきわめて大きく、わが日本国においても、いわゆる中国プロパー（専門家）は、三国時代のあと隋が統一するまでの「魏晋南北朝」を、たんに「六朝《りくちょう》時代」と呼ぶ傾向が強いのである。

司馬光は、陳の滅亡の前年の五八八年まで、隋の文帝《ぶんてい》を「隋主」、陳の最後の皇帝である長城公《ちょうじょうこう》を「皇帝」と呼んでいる。ところが五八九年になると、この年の正月の記事から、陳の皇帝は「陳主」に格下げになり、かわって隋の文帝が「皇帝」と呼ばれている。陳の滅亡の年を境にして、正統が南から北へ飛びうつることになるが、正統の理論を統一するためにはこれしかなかった。そうしないと、隋は正統でなくなり、つづく唐も正統でなくなり、ひいては司馬光が仕える北宋も、正統でなくなるおそれがあったからである。

これは、北宋と対立する契丹帝国を北朝になぞらえて、契丹の皇帝は正統ではなく、天下を支配する権利のないにせ皇帝だと、遠まわしに主張しているわけだ。これから、どんなに軍事力が強大でも、どんなに広大な地域を支配しても、「夷狄」は文化をもたない人間以下の存在で、「中華」だけがほんとうの人間だという、負け惜しみの「中華思想」が出てきた。これは現在でも中国に存在して、中国が世界の現状を直視するさまたげになっている。

三　モンゴル高原へのキリスト教伝播

ネストリウス派総大主教への手紙

それはともかく、この時代の一つの現象として、西アジアのキリスト教が北アジアに伝《でん》播《ぱ》したことが挙げられる。一〇〇七年、イラクのバグダードにいた、キリスト教のネストリウス派の総大主教ヨハンネスは、ホラーサーンのマルヴ（いまのトルクメニスタンのマルィ市）の首都大主教エベド・イシューから、つぎのような文面の手紙を受け取った。

「東北方のトルコ人の住地のなかに住むケレイトという部族の王が、ある日、自分の国の雪に覆われた山へ狩猟に出て、道に迷った。王は助かる望みをまったく失ったが、そのとき、一人の聖者が王の前にあらわれ、こう言った。もしお前がイエス・キリストを信じることを願うならば、私はお前をこの危険から救い出し、お前に道を示してやろうと。王は、キリストの羊群の一頭となることを、聖者に約束した。そのとき、聖者は道案内をつとめ、王をよい道に連れていった。自分のキャンプに帰ったのち、この王は、自分の国に滞在していたキリスト教徒の商人に、その宗教の教義のことを質問した。王は、洗礼を受けなければキリスト教徒になれないということを、商人たちから知った。しかし、王は一冊の福音書をもらって、毎日それに礼拝した。王は、私（マルヴの首都大主教）が来て洗礼を施してくれるか、あるいは洗礼をしてくれる聖職者を派遣するよう希望している。王は私に、斎戒《さいかい》のことについて、われわれの食物は肉と乳しかないので、われわれはどうして斎戒を守るのであろうか、と質問した。王は、二十万人の人びとが自分の手本に従う用意がある、とつけ加えて言った」

この手紙を受け取って、バグダードの総大主教はマルヴの首都大主教に対し、改宗を希望するすべての人びとを洗礼するための聖瓶を携えた二人の聖職者と助祭をその王のところへ派遣し、かれらにキリスト教の儀礼を教えるよう、手紙で返答した。

こうして鎮州建安軍の建設からわずか三年で、中央アジアから北モンゴルの中心地に伝わったキリスト教は、ケレイト部族のみならず、南モンゴルの陰山《いんざん》山脈に拠っていたオングト部族にも伝わり、これらの部族は後世までキリスト教徒として有名であった。

モンゴル部族の祖ハイド

このころ、モンゴル部族の先祖が登場する。ラシード・ウッ・ディーンの『集史』によると、オノン河に住んでいたジャライル部族の一派で、わかれてケルレン河に住んでいた者たちがあったが、契丹の大軍が襲撃にやって来て、ジャライル人を小児にいたるまで捕らえ、家財や家畜をことごとく掠奪《りゃくだつ》した。かろうじて脱出したジャライル人の一団が、七十輛の牛車で移動して、モンゴルのボルジギン氏族の末亡人モナルンの住んでいる近所に来た。そこでジャライルはモナルンといざこざを生じ、その一家をみな殺しにした。叔父のナチンは、ただ一人生きのこったハイドというモナルンの息子を連れて、バルグト部族へ逃げ、そこに住みついた。

『元史《げんし》』の「太祖本紀《たいそほんぎ》」にそのつづきがある。ハイドがいくらか成長すると、ナチンはバルグジン・トクムの人びとを率いて、ハイドをみんなの主君に推戴した。ハイドは主君となってから、軍隊を率いてジャライル部族を攻めてこれを臣下にした。勢力はだんだんに強大になり、バルグジン河のほとりに多数のゲル（モンゴル家屋）を並べてキャンプを張り、河を横切って橋を架けて往来に便利にするほどになった。そこで近隣の部族がやって来て合流する者がしだいに多くなった。これがモンゴルの実質的な先祖の物語である。

ハイドが生存した時代は十一世紀のはじめであった。ちょうどこのころ、一〇一四～一〇一五年に、敵烈《テレト》（すなわちジャライル）部族が契丹に反乱をおこし、契丹軍がこれを鎮圧して、ケルレン河のほとりに城を築いて敵烈人の捕虜を住まわせたという史実が伝えられている。これがハイドがバルグトへ逃げる原因となった、契丹軍の侵攻であろう。

ハイドの息子はバイ・シンホルといい、バイ・シンホルの息子はトンビナイという。この時代にモンゴル部族は、バイカル湖畔のバルグジン・トクムの地から、オノン河の渓谷に南下したらしい。というのは、チンギス・ハーンに仕えたスベエデイという将軍があって、その祖先は、オノン河で狩猟をしていて、トンビナイ・ハーンにめぐり会い、主従の契りを結んだということが、『元史』の「速不台《スブタイ》列伝」に書いてあるからである。『遼史《りようし》』の「道宗本紀《どうそう》」に、一〇八四年、「萌古国《もうこ》」が使を遣わして来聘《らいへい》した、と書いてある。このころモンゴル部族の内部に王権らしいものができて、国と呼ばれてもいいような形をとっていたことがこれでわかる。

四　女直人の金

契丹を滅ぼした金

このころすでに、東方では、女直《じよちよく》という狩猟民が勢力を伸ばしていた。阿城《あじよう》（黒龍江省《こくりゆうこう》

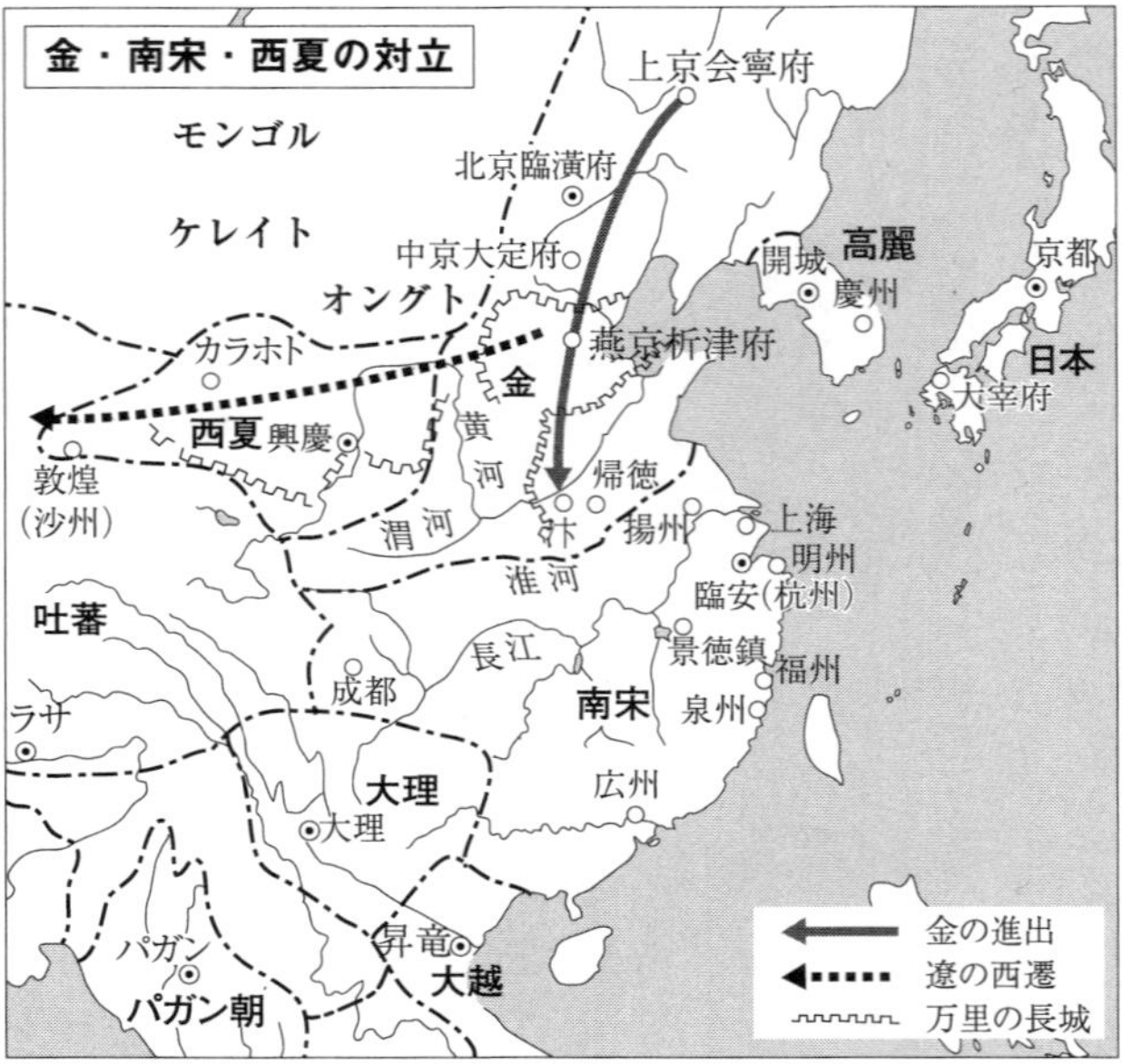

の省都ハルビン市の東南）にいた女直の完顔《ワンヤン》部族の族長であった阿骨打《アグダ》は、一一一四年、契丹と開戦し、翌年、大金皇帝の位に登った。これが金の太祖である。金軍は破竹の勢いで、東北の契丹領を席巻し、一一二〇年には契丹の首都の上京臨潢府《じょうけいりんこうふ》（いまの内モンゴル自治区の赤峰《せきほう》市のバーリン左旗の南。112頁地図参照）を占領した。契丹の天祚帝《てんそてい》は南モンゴルに逃げ、西夏《せいか》王国に入ろうとしたが、一一二五年、金軍に捕らえられ、契丹帝国は滅亡した。

これよりすこし前の一一二二

年、契丹の皇族の耶律大石《やりつたいせき》は、南モンゴルにいた天祚帝の一行から脱走して北モンゴルに行き、鎮州可敦城にモンゴル高原の七州の契丹人と、十八部族の遊牧民の代表を召集して、王に推戴された。翌年、耶律大石は全軍を率いて中央アジア遠征に出発し、天山山脈の北側のベシュバリクのウイグル王国を通過してサマルカンド（いまのウズベキスタンの都市）を占領し、その西方のケルミネの地において一一二四年、即位式を挙げ、契丹語ではグル・ハーン、中国語では天祐皇帝《てんゆうこうてい》という称号を採用した。これが西遼《せいりょう》の徳宗《とくそう》である。徳宗は一一二六年、ベラサグンの町（いまのキルギズ共和国の首都ビシュケクの東方のチュー河のほとり）に都を定め、これをクズ・オルドと呼んだ。西遼はこれから百年近く、中央アジアのトルコ系の諸部族を支配し、トルコ人は西遼をカラ・キタイ（黒い契丹）と呼んだ。

金は、南方では華北の平原を占領して、淮河《わいが》の線に達したが、北方ではゴビ砂漠の南に限られ、いまのモンゴル国の領土であるタタル部族やケレイト部族の地にはおよばなかった。

そのあいだに、北宋の康王趙構《こうおうちょうこう》が一一二七年、南京で皇帝の位についた。これが南宋の高宗《こうそう》である。一一三八年、高宗は杭州《こうしゅう》（臨安《りんあん》）に都を定め、一一四一年、金と講和して臣と称した。これから東アジアは、北の満洲・南モンゴル・華北は金帝国、南の華中・華南は南宋帝国となり、両国のあいだに、ほぼ八十年の平和が維持された。

チンギス・ハーンの登場

ところで金帝国は、北方から辺境に侵入して掠奪をはたらくタタル部族の遊牧民に悩まされていた。一一九五年、金帝国は大軍を動員して、北方辺境のタタル部族を討伐し、同時に他の遊牧部族に呼びかけて、敵の背後を突かせた。ここにモンゴル部族のテムジンという首領が姿をあらわし、この呼びかけに応じて、タタル部族を攻撃して戦果をあげた。ケレイト王トグリル・ハーンも、この戦争に参加した。金の皇帝は、かれらのはたらきをめでて、トグリル・ハーンには「王」の称号を与えたので、かれはオン・ハーンとして有名になった。またテムジンには、百人隊長の官職を授けた。

チンギス・ハーン

ところでテムジンの亡き父イエスゲイは、オン・ハーンとアンダ（大切にしている持ち物を交換して誓いを立てた親友）であった。テムジンはオン・ハーンを父と見なして仕え、二人は協力して、金の皇帝に敵対する遊牧部族を一つ一つ征服していった。

テムジンは七年間、オン・ハーンと行動を共にしたが、ついに仲間割れをおこし、一二〇三年、オン・ハーンを倒してケレイト王国をほろぼした。つぎにモンゴル高原の西部のアルタイ山脈方面の大部族だったナイマンのタヤン・ハーンを倒し、ゴビ砂漠以北のあらゆる遊牧民を、自分の軍旗のもとに集めた。

そして一二〇六年の春、テムジンは、自分の故郷の、いまのモンゴル国東部のケンテイ山脈のなかのオノン河の源の近くに、全遊牧部族の代表者を召集して大会議を開き、その席上でハーンに選挙されて、チンギス・ハーンという称号を採用した（在位一二〇六～一二二七年）。これがモンゴル帝国の建国である。

五　モンゴル帝国

一代で築いた大帝国

チンギス・ハーンはそれまで、金の皇帝の同盟者としてふるまってきたが、一二一〇年、いよいよ金と絶縁することを宣言し、翌年から、みずからモンゴル軍を指揮して華北に侵入を開始して、金の首都だった北京を攻め落とした。金は開封（河南省）に都をうつした。

つづいてチンギス・ハーンは西方にむかい、ホラズムという、イスラム教徒のトルコ人が中央アジアから西アジアまでを支配していた大帝国に戦争をしかけた。そして七年間にわたった大遠征で、アフガニスタンを縦断して、いまのパキスタンのインダス河畔にまで達した。また、かれの部下の一部隊は、コーカサス山脈を南から北へ通過し、ヴォルガ河岸に達して、カスピ海の北を回って東にもどった。こうしてチンギス・ハーンは西夏征伐を終えて死ぬまでの二十一年間に、自分一代で大帝国をつくりあげたのだった。

チンギス・ハーンの息子のうち、有力だったのは、最初の妻ボルテが生んだジョチ、チャガタイ、オゴデイ、トルイの四人であった。息子たちは、父親から軍隊をわけてもらって、それぞれ指定された牧地におもむいた。

長男のジョチには、いまのカザフスタンの草原を与えた。ジョチ家が率いたモンゴル人たちの子孫は、ロシア連邦のタタルスタン共和国のタタル人、カザフスタンのカザフ人、ウズベキスタンのウズベク人になった。これらの人びとは、いまではトルコ語に近縁の言葉を話すので、トルコ人だと誤解されているが、もともとはモンゴル人である。

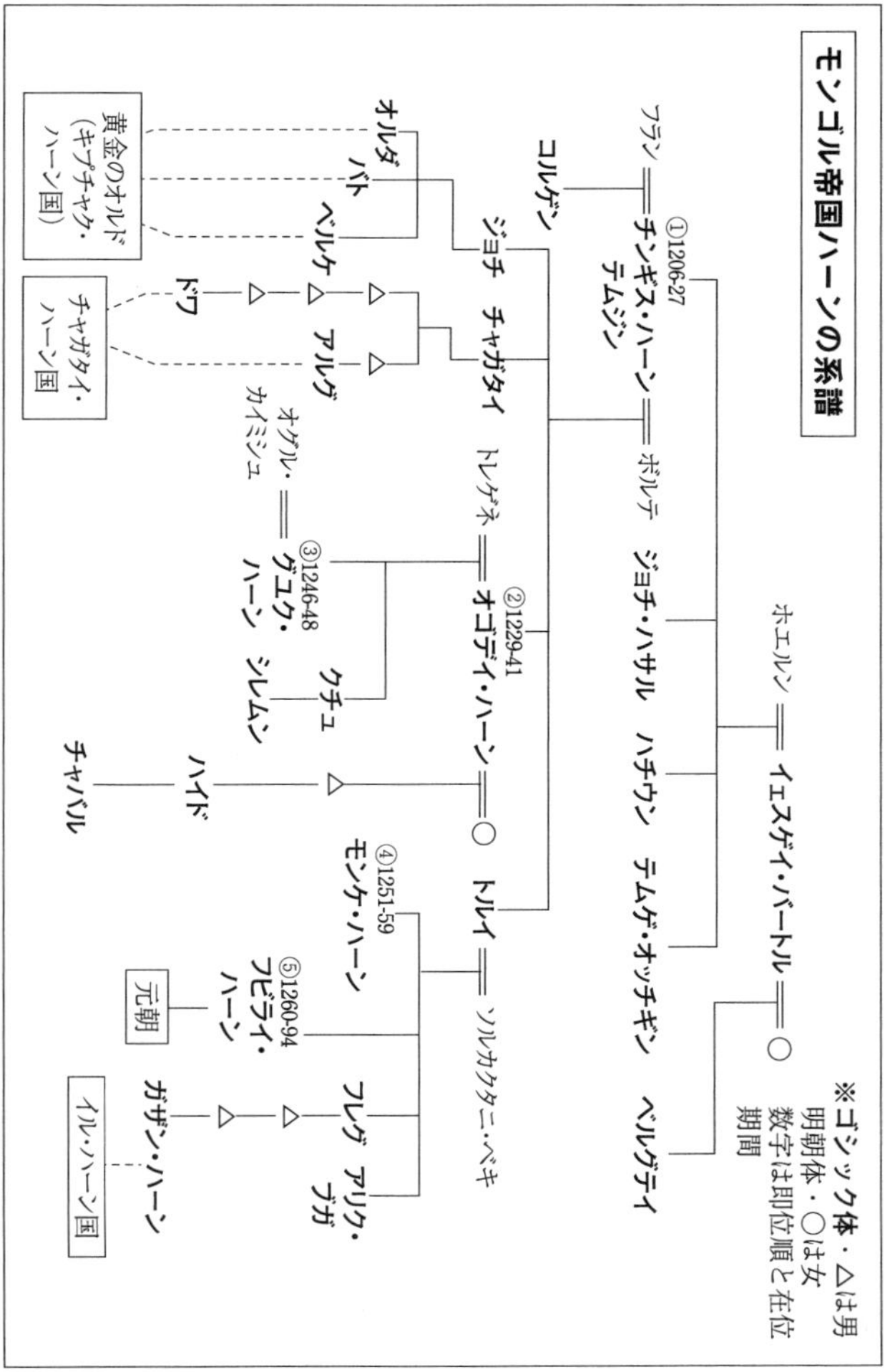
モンゴル帝国ハーンの系譜
※ゴシック体・△は男
明朝体・○は女
数字は即位順と在位期間
ホエルン
イェスゲイ・バートル
○
ベルグテイ
ジョチ・ハサル
ハチウン
テムゲ・オッチギン
フラン
①1206-27
チンギス・ハーン
テムジン
ボルテ
コルゲン
ジョチ
チャガタイ
トレゲネ
②1229-41
オゴデイ・ハーン
○
トルイ
ソルカクタニ・ベキ
オルダ
バト
ベルケ
△
△
△
△
アルグ
ドワ
オグル・カイミシュ
③1246-48
グユク・ハーン
クチュ
シレムン
△
ハイド
チャパル
④1251-59
モンケ・ハーン
⑤1260-94
フビライ・ハーン
フレグ
アリク・ブガ
△
△
ガザン・ハーン
黄金のオルド（キプチャク・ハーン国）
チャガタイ・ハーン国
元朝
イル・ハーン国

次男のチャガタイには、いまの新疆《しんきょう》ウイグル自治区の天山山脈の北から、カザフスタン東南部のバルハシ湖の南を通って、西はシル・ダリヤ河にいたるまでを与えた。三男のオゴデイには、新疆ウイグル自治区の北部のジュンガル盆地を西に流れて、カザフスタンの東部のアラ・コル湖に流れこむエメール河（額敏河）のほとりを与えた。四男のトルイは、モンゴル高原のチンギス・ハーンの本拠地で、父のもとに暮していた。そのため、チンギス・ハーンが死んだとき、トルイは、父の遺産の四つの大オルド（移動宮殿）の財産を、そっくり引き継ぐことになった。

一二二七年、チンギス・ハーンはいまの寧夏回族《ねいかかいぞく》自治区の西夏王国に出征し、最後の西夏王が降伏すると同時に、病気で死んだ。チンギス・ハーンの遺体はモンゴル高原を横切って運ばれ、ケンテイ山中の故郷の地に埋められた。

オゴデイのヨーロッパ遠征

ところでモンゴル帝国は、アジア大陸の端から端までひろがっていたので、つぎのハーンをきめるための大会議に集まるのには時間がかかる。チンギス・ハーンの死の二年後の一二二九年になって、ようやくモンゴル高原のケルレン河のほとりの、チンギス・ハーンの大オルドで大会議が開かれた。次男のチャガタイが議長となり、三男のオゴデイを推薦した。全員がこれに賛成して、オゴデイが第二代のハーンに選ばれた（在位一二二九〜一二四一年）。

それから二年後の一二三四年、オゴデイ・ハーンの指揮下で行なわれた作戦で、金帝国の最後の首都だった蔡州《さいしゅう》（河南省の汝南《じょなん》県）は陥落し、金帝国は滅亡した。その翌年の一二三五年、オゴデイ・ハーンは、モンゴル高原のオルホン河のほとりに、カラコルムの町を建てた。カラコルムは、いまはハラホリンと呼ばれ、モンゴル国では数少ない農耕のできる場所である。オゴデイ・ハーンは、カラコルムにオルホン河の水をひいて都市を建設した。ハーンの宮廷は、一年を通じて草原を移動し、ときどきカラコルムに立ち寄って、物資を補給してはふたたび離れていった。

カラコルムの町ができた一二三五年、オゴデイ・ハーンはその近くの草原に大会議を召集した。モンゴル帝国のすみずみから代表者が集まり、その大会議で議決されたのは、世界征服計画だった。なかでも最重要の計画は、ヨーロッパ征服作戦だった。

オゴデイ・ハーンのヨーロッパ征服計画は、一二三六年の春から実行にうつされた。チンギス・ハーンの長男ジョチ家の次男バトが総司令官になり、かれの指揮下に、チンギス家の分家からそれぞれの代表が、自分の軍隊を率いて遠征に加わった。

チンギス・ハーンの次男チャガタイの家からは孫のブリ、三男オゴデイ・ハーンの家からは長男のグユク、四男トルイの家からは長男のモンケなど、多くの皇族が従軍した。

遠征軍は、まずウラル山中の、いまのタタル共和国の地にあったブルガル人の国を征服し、それから翌一二三七年、さらに西にむかって、ルーシの諸侯の町々を落としていった。ルーシというのは、九世紀にスウェーデンからバルト海を渡ってきて、東ヨーロッパに町々を建設し、スラヴ人、バルト人、フィン人を支配した種族である。のちのロシア人の名前は、このルーシから出ている。

モンゴル軍はつづいて北コーカサスを征服しておいて、一二四〇年、いまのウクライナの首都キエフを占領した。つぎにモンゴル軍は、ポーランドを荒らし、一二四一年四月九日、レグニツァでポーランド王とドイツ騎士修道会の連合軍を粉砕した。ついでハンガリーを蹂躙《じゅうりん》し、いまのオーストリアの首都ウィーン南方に位置するウィーナー・ノイシュタットに達した。たまたま、オゴデイ・ハーンが死んだという知らせが前線にとどいたので、モンゴル軍はウィーナー・ノイシュタットの前面から引き揚げた。モンゴル軍の別の一部隊は、オーストリアから南下して、ダルマティアのアドリア海岸まで達し、そこからセルビアを横断して東方に引き揚げた。

総司令官のバトは、そのままヴォルガ河畔に留まって、自分の宮廷を開いた。これが白いオルド、すなわち黄金のオルドで、バトの一族は十三世紀から十八世紀まで、五百年間ロシアに君臨した。モンゴルの支配からはじめて独立したロシアの君主は、ロマノフ家のピョートル一世（在位一六八二〜一七二五年）である。

フビライの大理王国征服

オゴデイ・ハーンが一二四一年に死ぬと、長男のグユク（在位一二四六〜一二四八年）があとを継いだが、酒飲みで体が弱く、早く死んだ。トルイの未亡人ソルカクタニ・ベキは長男のモンケを後援し、ジョチ家のバトもモンケを推薦して、一二五一年の夏、モンケがハーンの位に登った（在位一二五一〜一二五九年）。そしてただちに、モンゴル帝国のあらゆるところで、チャガタイ家とオゴデイ家に対する大粛清が実施された。こうしてトルイ家は、ついにモンゴル帝国の権力の頂上に登りつめたのである。

モンケ・ハーンは、すぐ下の弟フビライを、ゴビ砂漠以南のモンゴル高原と華北の総督に任命し、南宋の征伐を命じた。そのときフビライは、南宋を正面から攻撃するよりも、南宋の背後の大理《だいり》王国を先に征伐したほうがいいと主張した。そこでモンケ・ハーンはフビライに領地として陝西《せんせい》省の西安を与え、フビライはその地に遠征の拠点となる宮殿をつくった。

一二五二年、フビライは陝西省から軍を率いて、東チベットの高原を南下し、いまの雲《うん》

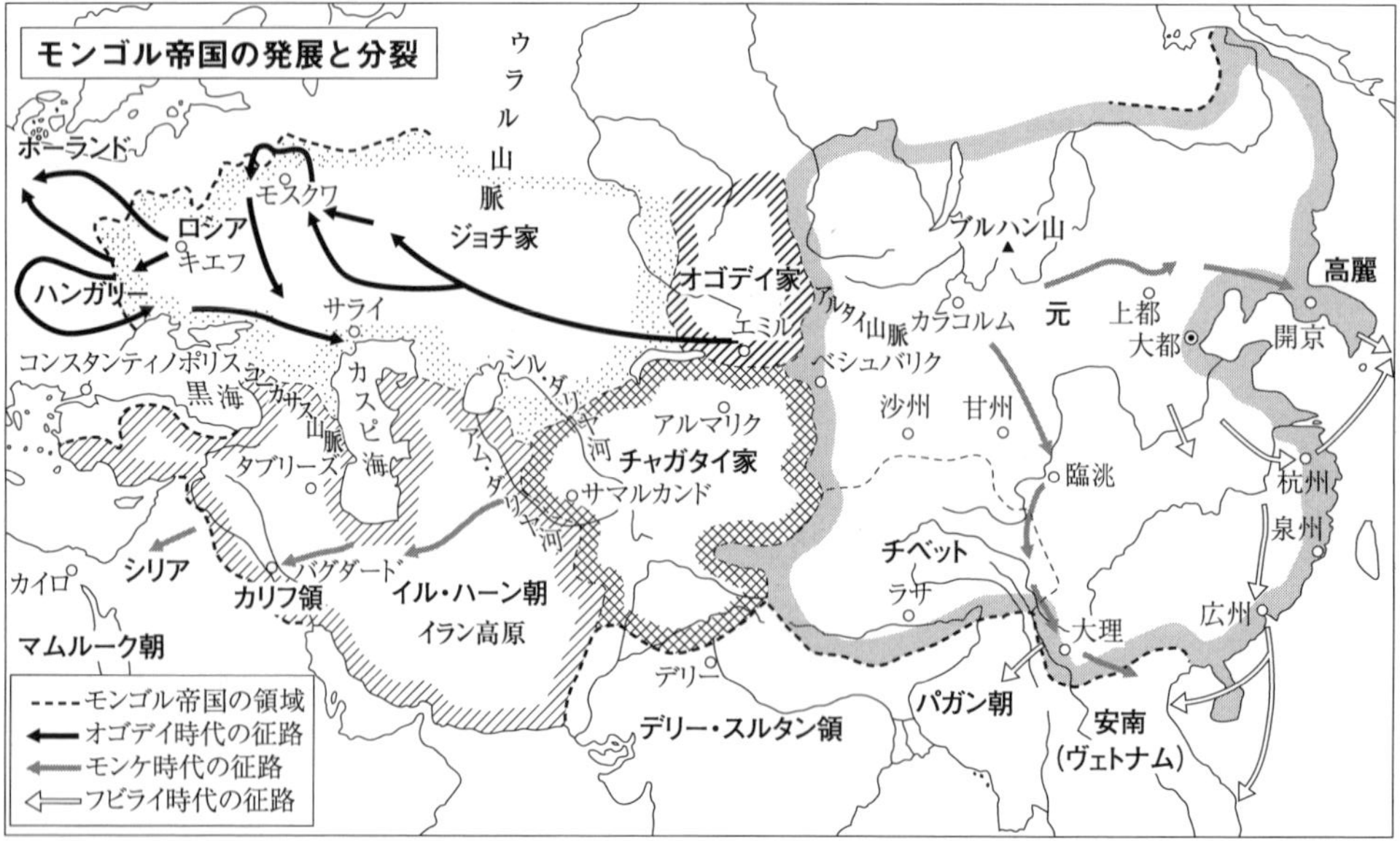
モンゴル帝国の発展と分裂
ポーランド
ロシア
キエフ
モスクワ
ハンガリー
ウラル山脈
ジョチ家
サライ
コンスタンティノポリス
黒海
カフカス山脈
カスピ海
タブリーズ
オゴデイ家
エミル
シル・ダリヤ河
アム・ダリヤ河
アルマリク
チャガタイ家
サマルカンド
シリア
カイロ
バグダード
カリフ領
イル・ハーン朝
イラン高原
マムルーク朝
デリー
デリー・スルタン領
アルタイ山脈
ベシュバリク
カラコルム
ブルハン山
元
上都
大都
高麗
開京
沙州
甘州
臨洮
チベット
ラサ
大理
パガン朝
安南
(ヴェトナム)
杭州
泉州
広州
モンゴル帝国の領域
オゴデイ時代の征路
モンケ時代の征路
フビライ時代の征路

南省《なん》にあったタイ人の大理王国を征服した。タイ人たちはこれがきっかけで、雲南省から南下をはじめ、ラオスと北タイにひろがった。

モンケ・ハーンの下の弟のフレグは、兄の命令を受けて、一二五三年、イラン高原の征服に出発した。フレグは一二五六年、アム・ダリヤ河を渡ってイラン高原に入り、一二五八年、バグダードを攻略して、アッバース朝の最後のハリーファ（カリフ）・ムスターシムを殺し、さらにシリアに軍を進めていた。

一二五七年、モンケ・ハーンは、ケルレン河畔のチンギス・ハーンの大オルドで大会議を召集し、その席上、華中・華南の南宋帝国に対する遠征計画を決定した。モンゴル高原の政務を末弟のアリク・ブガにゆだね、モンケ・ハーンはみずからモンゴル軍の本隊を率いて南下し、一二五八年の夏、六盤山《りくばんざん》（いまの寧夏回族自治区の南部）に基地をおいた。秋、輜重《しちょう》を六盤山に留めて、南下して四川省の盆地に攻めこみ、南宋の合州《ごうしゅう》城（合川県《ごうせん》）を包囲した。しかし南宋軍の抵抗が強くて、城を落とせずにいるうちに、モンゴル軍の陣中で赤痢が流行し、モンケ・ハーン自身も感染して、一二五九年八月十一日、合州城外の釣《ちょう》魚山《ぎょざん》で死んだ。

大元という国号の採用

フビライはこれより先、南モンゴルの本拠地から、南宋の鄂州《がくしゅう》城（湖北《こほく》省の武漢《ぶかん》市）にむかって進軍していたが、その途中で、兄のモンケ・ハーンが合州城外で死んだという知らせを受け取った。しかしフビライは、すぐには引き返せなかった。部下のウリャーンハダイが、雲南省からヴェトナムに進軍し、ヴェトナムからいまの広西《こうせい》チワン族自治区の南宋領に侵入して、そこから湖南省を南から北へ縦断して、鄂州でフビライと合流しようと北上をつづけていたからである。フビライは鄂州の包囲をつづけながら南宋側と交渉し、和議を結んで、ウリャーンハダイの部隊を収容してから北方に引き揚げた。

このころ、モンゴル高原のゴビ砂漠の北ではアリク・ブガ派が、南ではフビライ派が、それぞれ自派の勢力結集に奔走していた。フビライは翌一二六〇年の春、自分が建設した開平府《かいへいふ》という町（内モンゴル自治区の多倫《ドロン》県の西北、正藍旗に遺跡がある）の近くで大会議を召集し、ハーンに選挙された（世祖《せいそ》セチェン・ハーン、在位一二六〇～一二九四年）。これと同時に、アリク・ブガもカラコルムの西のアルタン河というところで、別の大会議を召集し、ハーンに選挙された。

兄弟のあいだの内戦は四年にわたったが、フビライがカラコルムへの食糧の供給を禁止し、またアリク・ブガの盟友のはずだったチャガタイ家のアルグも、その期待を裏切って、シル・ダリヤ河とアム・ダリヤ河のあいだの、いまのウズベキスタンの地をおさえてしまったので、窮したアリク・ブガは一二六四年、兄のフビライに降伏した。

　こうしてフビライは、モンゴル帝国の筆頭のハーンとなったのである。

　フビライは、自分の所領全体の呼び名として、一二七一年に「大元《だいげん》」という国号を採用した。「大元」とは、「天」を意味する。これが元朝の名前の由来である。こうして元朝は成立したが、その本拠地はあくまでモンゴル高原であり、元朝の歴代の皇帝は、在位中、北京より南の中国には、決して足を踏み入れなかった。

　その北京の地に、フビライ・ハーンは大都《だいと》という都市を新たに建設した。これは、のちの明朝・清朝の時代の北京の市街を含んで、東と北にひろがる広大な町で、トルコ語でカーンバリクと呼ばれた。フビライ・ハーンも、その子孫の元朝のハーンたちも、華北の平原の北の端、モンゴル高原から下りてきてすぐのところにある大都を、主として冬季の避寒キャンプ地、補給基地として利用した。春になると、ハーンの宮廷はモンゴル高原にもどって、夏から秋へと移動生活をつづけ、冬になるとまた大都に下りてきた。

　大都は同時に、漢人を統治する行政センターでもあった。これより先、金帝国をほろぼしたオゴデイ・ハーンは、華北の新占領地で人口調査を実施したが、一二三六年の統計では、百十一万戸という数字が出た。これで見ると、漢人の数は、たった五百万人ほどしかなかったことになる。しかもこの「漢人」には、のちの十四世紀の記録によると、宋代の漢人の子孫のほかに、契丹人、女直人、渤海人、高麗人《こうらい》を含んでいた。要するに、定住して都市生活を営んでいる種族を、ひっくるめて「漢人」と呼んだのである。

フビライ・ハーンがモンゴル高原に建設した開平府の町は、昇格して上都《じょうと》と呼ばれたが、これは春から秋にかけてハーンの宮廷がモンゴル高原の各地を移動中の補給基地であり、かたがた遊牧地帯に対する行政センターでもあった。

元朝の中国統一

朝鮮半島の高麗王国に対しては、オゴデイ・ハーンの治世の一二三一年から、モンゴル軍の侵入がはじまっていた。このころ高麗の実権を握っていたのは、崔氏《さいし》という軍人一家の幕府だった。崔氏は高麗王国の都を、陸上の開城《かいじょう》から江華島《こうかとう》にうつし、人民には、モンゴル軍が来たら山の上の城か、海の中の島に逃げこむよう命令して、三十年近くものあいだ、抵抗をつづけたが、一二五八年にいたって、江華島のなかでクーデターがおこって崔氏の政権が倒れたので、高麗王国は抵抗の力を失って、モンゴルに降伏することになった。

たまたまモンゴルに降伏を申し入れに行った高麗の太子倎《てん》（のちの元宗王《げんそう》）は、四川省の陣中のモンケ・ハーンを追いかけて行く途中で、ハーンの死を知り、鄂州の前線から引き揚げてくるフビライに、北京の郊外で面会した。フビライは大いに喜んだ。これ以後、高麗国王はフビライ・ハーンの宮廷で高い地位を与えられることになった。元宗王の息子の忠烈《ちゅうれつ》王は、フビライ・ハーンの皇女クトルグ・ケルミシュと結婚し、その腹に生まれた忠宣《ちゅうせん》王の子孫の高麗国王たちも、代々元朝の皇女の婿となり、ハーンの側近にあってモンゴル風の宮廷生活を送った。

フビライ・ハーンは一二六八年、南宋に対する作戦を再開した。モンゴル軍は、漢江《かんこう》のほとりの南宋の要塞、襄陽《じょうよう》城（湖北省の襄樊《じょうはん》市）を包囲したが、南宋軍は勇敢に抵抗した。五年間、包囲がつづいたのち、一二七三年になって、襄陽はようやく落城した。これで南宋の臨時首都、臨安《りんあん》（浙江《せっこう》省の杭州市）への通路が開けた。バーリン氏族出身の将軍バヤンの指揮する元軍は、漢江を下って、一二七五年、鄂州を占領し、ここから長江を下って、一二七六年、臨安を占領した。バヤンは、南宋の最後の皇帝で当時六歳の瀛国公《えいこくこう》を捕らえ、フビライ・ハーンのもとに連れていった。こうして南宋帝国は滅亡した。南宋の遺民を、元朝の人びとは「南人《なんじん》」と呼んだ。

これによって、元朝による中国統一が完成した。これからあとの中国は、もはや独自の「天下」ではなく、モンゴル帝国の歴史の一部になるのである。こうしてフビライは、世界帝国のハーンでありながら、中国の皇帝をも兼ねる、歴史上はじめての君主となった。この年をもって、中国史の第二期が終わり、第三期がはじまる。

第六章　世界帝国——中国史の第三期前期

一　東アジアの統合

華と夷に君臨する皇帝

一二七六年、南宋が滅び、北は北モンゴルのカラコルムから、南は南シナ海にいたる広大な東アジアが、北京を中心とする政治・経済組織に組みこまれてから、一八九五年、清が日本に敗れて、中国伝統の文化を放棄し、日本型の近代化にふみきるまでが、中国史の第三期である。この約六百年間を、一六四四年に満洲族の清朝が山海関《さんかいかん》を入って北京に遷都した事件をもって、前期と後期に区分する。

この時代の特徴は、中国の人口の増加、華南の開発、および、もっとも重要なことは、中国と東アジアの他の部分との政治・経済的統合の進行と完成である。

中国の人口は、前にいったように、二世紀に五千万人台からいっきに四百万人台に顚落《てんらく》して、三世紀末の晋の短い統一のあいだに一千万人台にまで回復したが、三〇〇年にはじまる八王の乱、五胡十六国の乱、南北朝の対立の期間をつうじてふたたび低調をつづけ、六世紀末の隋の統一（『隋書』の「地理志」によれば、六〇九年には四千六百一万九千九百五十六人）

の後、唐代をつうじて四千万人台を維持した(『旧唐書』の「地理志」によれば、七四〇年には四千八百十四万三千六百九人)。

契丹・北宋の対立、女直・南宋の対立の期間の中国の人口は、やや増加にむかいはじめた。ここにいう中国史の第三期前期の元時代の人口は、『元史』の「地理志」によれば、一二九〇年には五千八百八十三万四千七百十一人であり、明時代の人口は、『明史』の「地理志」によれば、一三九三年には六千五十三万五千八百十三人、一四九一年には五千五百三万七千二百三十六人、一五七八年には六千三百六十九万一千五十六人である。ほぼ六千万人台であったと思われる。

この増加の大部分は、この時代に急速に開発が進んだ江西《こうせい》、福建《ふっけん》、広東《カントン》などの各省においておこった。ことに元代には、江西省は世祖フビライの皇太子チンキムの直轄領となり、山西省・陝西省方面のフビライ家の私領から、大量の移民が江西省に入植して、開発が急激に進んだ。山西方言を話す客家《ハッカ》族が江西省に姿をあらわすのはこのころからである。また福建省は、唐末になって北方からの入植者が増加し、この時代にいたって漢化がほぼ完成したが、文化の基層は依然としてタイ系であった。

一方、第二期後期に北アジアと華北を支配した契丹族の遼朝、それを引きついだ女直族の金朝の政治・経済システムは、第三期前期に入ってモンゴル族の元朝によって完成され、北アジアと中国が一つの文明圏に統合された。これをいいかえれば、この時代に入って、皇帝は「華《か》」と「夷《い》」の両方に君臨すべきものとされるにいたったのである。もう一つ注目すべきことに、この時代に入って、新儒教が中国の国教となることになった。

二　新儒教

朱熹による思想体系の統合

一八四年の黄巾の乱を境に、王莽《おうもう》以来の中国の国教であった儒教は事実上消滅し、これにかわって、秘密結社員の信仰から発生した道教が中国の宗教の主流となった。また、中央アジアから中国にきた商人集団の宗教であった仏教も、道教の一種として、中国人のあいだに普及した。道教と仏教とは、それぞれ宮廷において指導権を握るべく、たがいにはげしい闘争をくりかえしたが、仏教は「三武一宗《さんぶいっそう》の法難《ほうなん》」と呼ばれる、四回の大迫害（北魏の太武帝の四四六年、北周の武帝の五七四年と五七七年、唐の武宗の八四五年、後周の世宗・柴栄の九五五年）を経て、すっかり勢力が衰え、宋代には道教が盛んとなった。

それとともに、これまで儒教中心に統合されていた各種の学術も、こんどは道教を中心にして再編成され、第二期には三教（儒教、仏教、道教）の一致という考え方が一般的になってきた。

そのうちに、宋代にいたって、道教中心の思想体系はそのままに、ただ用語を古い儒教の経典のものでおきかえた新儒教が出現した。周敦頤《しゅうとんい》（一〇一七〜一〇七三年）・張載《ちょうさい》（一〇二〇〜一〇七七年）・程顥《ていこう》（一〇三二〜一〇八五年）・程頤《ていい》（一〇三三〜一一〇七年）らがその代表者で、福建の新開地の地主の朱熹《しゅき》（一一三〇〜一二〇〇年）の手によってこれが完成し、総合的な思想体系となった。これが新儒教で、また宋学、朱子学、道学、性理学ともいう。新儒教は、万物の根源を理・気の二気とし、気よりも理に優位をあたえる理学を唱えた。気は形質の原因となるものであるが、理は、気の活動の法則であるとともに、宇宙の生成作用の秩序調和の大根源ととらえられている。この天理は、人にあっては人間の本質とされ、気に基づいた人欲と対立するものとされる。それで道徳の実践は、外からあたえられたものではなく、やむにやまれぬ至上命令として、力強く説かれるようになった。朱熹はまた、君臣の道徳も天理とし、臣下の忠節を鼓吹《こすい》した。

しかし第二期のあいだは、この新儒教は政府の公認を受けなかったが、第三期になって、モンゴル族の元朝がはじめて一三一四年に朱子学の解釈を基準とした科挙を実施し、これ以来、新儒教は中国の国教となったのである。しかしこれは読書人層の公的なたてまえとしてであって、一般の中国人の信仰の内容は依然として道教と、それに習合した仏教であった。

三　元朝

文永・弘安の役の背景

一二七六年に、元の世祖フビライ・セチェン・ハーンが軍隊を送って南宋帝国をほろぼし、華中・華南の地を併合してから、一六四四年、李自成《りじせい》が北京をおとしいれて明《みん》の崇禎帝《すうていてい》が自殺し、清の順治帝《じゅんちてい》が北京に入って皇帝になるまでを中国史の第三期前期とする。

フビライ・ハーンの元軍は、二回にわたり日本に遠征している。そのうち、一二七四年の、第一回の日本遠征（文永《ぶんえい》の役）には、高麗王国の情勢がからんでいる。

モンゴルに降伏したあとも、高麗の宮廷は、江華島から出たがらなかった。開城《かいじょう》のもとの首都に帰るよう、さんざん督促されて、高麗の元宗《げんそう》王の宮廷は、一二七〇年になって、やっと江華島を出ることになったが、もと崔氏《さいし》の私兵の精鋭部隊だった三別抄《さんべつしょう》は、これをいやがって反乱をおこし、別に王をかついで脱走して、全羅南道《ぜんらなんどう》の珍島《ちんとう》に逃げこんだ。モンゴル軍と高麗軍は、連合して珍島を攻め落とした。三別抄はさらに珍島を脱走して、耽羅島《たんらとう》（済州島《さいしゅうとう》）に逃げこんだ。一二七三年になって、耽羅島はやっと平定された。済州島は、それまで独立の王国だったが、この事件から、フビライ家の直轄領になり、モンゴル馬の牧場がここにおかれた。

フビライ・ハーン

三世紀の『三国志』の「魏書《ぎしょ》」の「東夷伝《とうい》」の「倭人《わじん》」の条（いわゆる『魏志倭人伝』）以来、大陸では、日本列島は南北に細長く伸びて、華南の東方海上に達していると思われていた。それでフビライ・ハーンは、南宋に対する作戦の一環として、日本列島を占領して、背後から南宋を突こうと考え、一二七四年、モンゴル・高麗連合軍を送って日本を攻め、北九州に上陸を試みたが、失敗に終わった。

一二八一年の第二回の日本遠征（弘安《こうあん》の役）も、南宋に関係がある。一二七九年に南宋の残党の掃討作戦が完了したので、フビライ・ハーンは、旧南宋の水軍を五島列島に回航させ、これを中核部隊として、ふたたび北九州に上陸作戦を試みたが、またも失敗した。

このほか、フビライ・ハーンは、サハリンや、台湾や、ジャワ島に対しても、海を越えて軍隊を送って征服を試みたが、いずれも失敗に終わり、モンゴル帝国を海外にひろげることはできなかった。海外への発展には失敗したが、南宋帝国の征服によって、フビライ・ハーンは大きな財産をつくった。

フビライの所領経営

モンゴル帝国には、全体を統治する中央政府はなく、多数の領主のウルス（所領）の集合だった。それらの領主たちのなかで筆頭の地位を占めたのが、フビライ家の元朝皇帝だった。その元朝でも、フビライ・ハーンは唯一の領主ではなかった。

もと金領だった満洲・華北、もと南宋領だった華中・華南などの定住地帯は、征服の当時に、作戦に参加した皇族や将軍たちにわけ与えた領地・領民が、モザイク状に入り混じっており、そのあいだのあちこちに、ハーンの直轄領が散在しているという状況だった。

こうしたフビライ・ハーンの所領を経営し、かたわら他の皇族やモンゴル貴族たちにかわってその所領を差配したのは、中書省《ちゅうしょしょう》という役所だった。

中書省は大都《だいと》におかれ、モンゴル高原のゴビ砂漠以南と、華北の山東《さんとう》省、山西省、河北《かほく》省を管轄した。中書省の直轄地以外の地方には、中書省から出向した行中書省《こうちゅうしょしょう》という役所をおいて、その地方の定住民を管理した。

ほかの役所としては、尚書省《しょうしょしょう》があり、商業に投資し、鉱山や工場を経営して、フビライ・ハーンの私的財産の利殖に従事した。治安を担当する枢密院《すうみついん》は、フビライ・ハーンの参謀本部であった。御史台《ぎょしだい》は、行政の監察機関である。

パクパ文字の発明

このようにフビライ・ハーンは、官庁の機構を整備するいっぽう、文化の面でも、業績を残した。有名なものに、パクパ文字がある。

チベット仏教のサキャ派の教主に、サキャ・パンディタという高名な学僧があった。オゴデイ・ハーンの次男のゴデン皇子は、チベットの征服を担当していたが、サキャ・パンディタをチベットの代表として、自分の牧地のある涼州《りょうしゅう》（甘粛省《かんしゅくしょう》の武威《ぶい》県）に召し寄せた。サキャ・パンディタは、自分の甥のパクパを伴って、一二四六年に涼州に到着し、一

パクパ文字の通行手形
1846年、シベリア、イェニセイ州クラスノヤルスク地方で出土した銀の牌子（パイザ）。「永遠なる天の力によりて、カガンの勅。これを恐れざる者は罰せらるべし」（N．N．ポッペの解読による）と、パクパ文字で刻まれている。

二五一年、七十歳で涼州で死んだ。ゴデンはモンケと仲が良かったので、同年のモンケ・ハーンの即位からはじまった大粛清のなかでも無事だった。一二五三年、フビライが西安を兄モンケから領地としてもらって到着し、涼州に留まっていたパクパをゴデンからもらい受けて、自分の侍僧にした。一二六〇年、フビライがハーンになると、パクパに国師の称号と玉印を授け、新しいモンゴル文字をつくることを命じた。パクパがつくったのは、横書きのチベット文字のアルファベットを改良して、縦書きにしたものである。フビライは、この新モンゴル文字を一二六九年に公布して、国字とした。こののちは、ハーンの詔勅のモンゴル語の本文は、この文字で書き、それに地方ごとの文字で書いた訳文を付けることになった。その功によって、パクパは帝師《ていし》・大宝法王《たいほうほうおう》の称号を授けられ、フビライ家の支配権内の仏教教団すべての最高指導者となり、またパクパの実家のコン氏族は、モンゴル帝国のチベット総督の地位を世襲することになった。

モンゴルでは、モンゴル語をウイグル文字で書く習慣がすでに確立していたので、せっかくつくったパクパ文字はあまり普及しなかった。しかし、パクパ文字は、元朝の支配下の高麗王国に伝わり、その知識が基礎となって、高麗朝にかわった朝鮮朝の世宗《せいそう》王がハングル文字をつくり、それを解説した『訓民正音《くんみんせいおん》』という書物を一四四六年に公布した。

オゴデイ家の再興と反乱

フビライ・ハーンは、祖父のチンギス・ハーンと同じように、四つのオルドを持っており、それぞれのオルドには、正式に結婚したハトン（皇后）たちが住んでいた。フビライ・ハーンには、それらのハトンから生まれた十二人の息子があった。最愛の妻は、フンギラト氏族出身のチャブイ・ハトンだったが、このハトンは四人の息子を産んだ。長男のドルジ、次男のチンキム、三男のマンガラ、四男のノムガンである。

長男のドルジは体が弱く、早くに死んだ。フビライ・ハーンは、次男のチンキムに自分の後を継がせたいと思い、チンキムを燕王《えんおう》に封じて、中書省と枢密院の監督権を与えた。そしてついに一二七三年には、チンキムを皇太子に立て、チャブイ・ハトンには皇后の称号を授けた。

いっぽう、中央アジアでは、オゴデイ・ハーンの孫のハイドが立ち上がって、一度トルイ家に取りつぶされたオゴデイ家を再興し、チャガタイ家と同盟し、ジョチ家の後援を得て、一二六八年にはついにフビライ・ハーンに対して開戦した。ハイドは生涯に四十一回戦って常に勝ったといわれるほどの戦争の天才だったので、元朝は、大軍を西北辺境に集結させ、たえず防戦につとめなければならなかった。

フビライ・ハーンの四男ノムガンは北平王《ほくへい》に封ぜられて、モンゴル高原の防衛を担当していたが、一二七七年、部下のシリギ（モンケ・ハーンの息子）に裏切られて、ハイドに引き渡された。

ハイドと連合したシリギの軍は、深くモンゴル高原に侵入してきた。南宋を征服したばかりの元朝の将軍バヤンは、急遽フビライ・ハーンに呼びもどされて、オルホン河畔で反乱軍を撃破した。なおノムガンは、ハイドのもとから、ジョチ家のバトの孫のモンケ・テムルのもとに送られ、ヴォルガ河畔の白いオルドに抑留されていたが、一二八四年になってやっと釈放されて、元朝に帰ることができた。

皇太子チンキムの急死

その後、フビライ・ハーンは自分の財産の大部分を、皇太子チンキムに譲った。一二七九年、チンキムは六十五歳の父フビライ・ハーンにかわって、あらゆる政務を決裁するようになった。このとき、チンキムの弟マンガラはすでに死に、ノムガンはハイドに捕われていたので、チンキムにライヴァルはなかった。チンキムがフビライを継いでつぎのハーンになることは、もはや決定的と思われた。ところが、その矢先、チンキムは一二八五年、父に先立って急死した。

チンキムの未亡人であるフンギラト氏族出身の妃ココジン・ハトンには、三人の息子がいた。カマラ、ダルマパーラ、テムルの三人である。

祖父のフビライ・ハーンは、息子の次男のダルマパーラをかわいがったが、ダルマパーラは一二九二年、二十九歳の若さで、祖父より先に死んだ。そこでフビライ・ハーンは、長男のカマラを晋王《しんおう》に封じて、モンゴル高原の防衛を担当させ、ケルレン河畔にあるチンギス・ハーンの四大オルドを所領として与えた。

その間も、ハイドと元朝の戦争は、西北方面でつづいていた。一二八七年には、東北方面でも、チンギス・ハーンの弟の子孫で満洲北部に所領をもっていたナヤンとハダンらが、ハイドと手を結んで、フビライ・ハーンに対して反乱をおこした。

フビライ・ハーンはみずから出陣してナヤンをほろぼし、翌一二八八年にはチンキムの三男テムルを派遣してハダンを撃破させ、反乱を鎮圧した。こうして、東北方面の反乱はおさまったが、西北戦線では常にハイドが優勢であった。

一二九三年、フビライ・ハーンは、モンゴル高原の防衛にあたっていた将軍バヤンを召還し、かわって孫のテムルに皇太子の印を授け、モンゴル高原防衛の総司令官として派遣した。

その翌年一二九四年二月十八日、フビライ・ハーンは病死した。八十歳であった。

四　元朝ハーン位の継承

テムル・ハーンの即位

フビライの妻チャブイ・ハトンは一二八一年にすでに死んでいたので、チンキムの未亡人であったココジン・ハトンが空位のあいだの国政をあずかり、その夏、上都において、ハーン位の継承者を決める大会議を召集した。君主の継承者を大会議で選ぶのは、草原の遊牧民の伝統である。

この大会議では、死んだ皇太子チンキムの長男の晋王カマラと、三男のテムルのどちらがハーン位を継ぐべきかで論争がおこった。二人の皇子の母ココジン・ハトンは、賢明な婦人であったから、二人にむかってこう言った。

「セチェン・ハーン（＝フビライ）は、『だれであれ、チンギス・ハーンのビリク（格言）をもっともよく知る者が、玉座に登るべきである』と仰せられました。ですから、さあ、お前たちはそれぞれ、チンギス・ハーンのビリクを唱えなさい。御出席の方々が、どちらがビリクをよく知っているか、おわかりになるように」

テムルは雄弁で暗記力がすぐれていたので、ビリクを上手に、美しい発音で朗誦した。いっぽうカマラは、すこしどもりがあり、こうしたことには慣れていなかったので、とうていテムルには太刀打ちできなかった。大会議の出席者たちは異口同音に叫んだ。

「テムル皇子のほうがビリクをよく知っており、唱えるのもうまい。ハーンの位にふさわしいのは彼だ」

そこでココジン・ハトンは、「受命于天、既寿永昌」と刻んだ玉璽《ぎょくじ》をテムルに授けて、

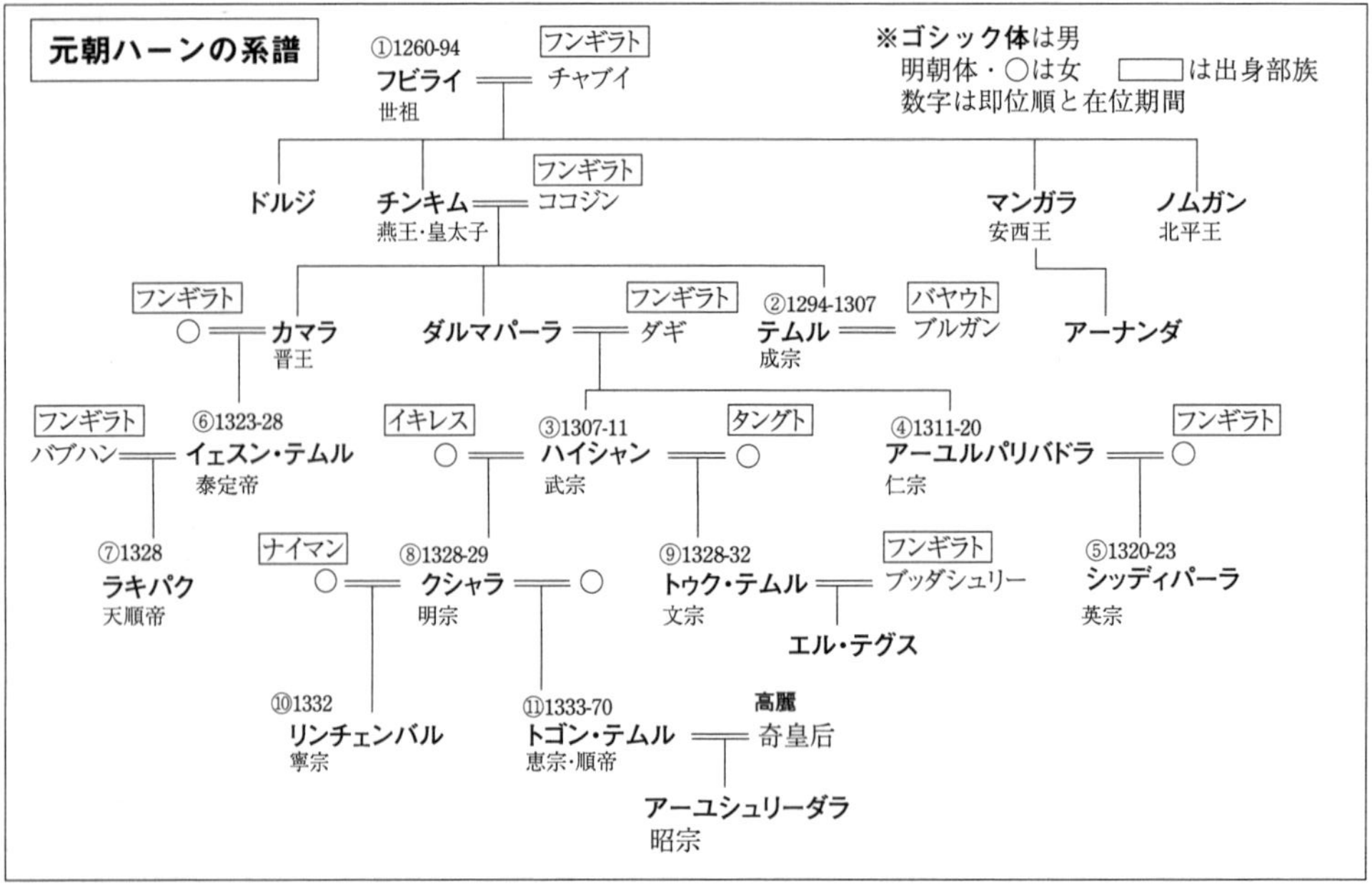
元朝ハーンの系譜
※ゴシック体は男
明朝体・○は女　□は出身部族
数字は即位順と在位期間
①1260-94
フビライ
世祖
フンギラト
チャブイ
ドルジ
チンキム
燕王・皇太子
フンギラト
ココジン
マンガラ
安西王
ノムガン
北平王
フンギラト
○
カマラ
晋王
ダルマパーラ
フンギラト
ダギ
②1294-1307
テムル
成宗
バヤウト
ブルガン
アーナンダ
フンギラト
バブハン
⑥1323-28
イェスン・テムル
泰定帝
イキレス
○
③1307-11
ハイシャン
武宗
タングト
○
④1311-20
アーユルパリバドラ
仁宗
フンギラト
○
⑦1328
ラキパク
天順帝
ナイマン
○
⑧1328-29
クシャラ
明宗
○
⑨1328-32
トゥク・テムル
文宗
フンギラト
ブッダシュリー
エル・テグス
⑤1320-23
シッディパーラ
英宗
⑩1332
リンチェンバル
寧宗
⑪1333-70
トゴン・テムル
恵宗・順帝
高麗
奇皇后
アーユシュリーダラ
昭宗

テムル・ハーンの即位が決定した（成宗《せいそう》オルジェイト・ハーン、在位一二九四〜一三〇七年）。この玉璽は、ジャライル部族のムハリ国王の子孫の家にあったもので、秦の始皇帝がつくって漢の歴代の皇帝に伝わった玉璽だということであった。

故皇太子チンキムの長男カマラは、一二九二年、モンゴル高原のケルレン河畔に遊牧するチンギス・ハーンの遺産の四大オルドの領主となり、チンギス・ハーンの霊に仕える神官長を務めていた。ここにはチンギス・ハーンのオルドのほかに、歴代のハーンたちの遺産のオルドもあり、カマラはかれらの霊のために一つの廟《びょう》を建てた。このカマラの宮廷で編纂された、チンギス・ハーン廟の祭神の縁起が『元朝秘史《げんちょうひし》』である。これにはチンギス・ハーンの祖先から、一二〇六年の即位までの物語が、大いに創作をまじえて書かれている。カマラは一三〇二年に死に、長男のイェスン・テムルが晋王を継いだ。

フンギラト派による実権掌握

この間にも、モンゴル高原の元朝領の西北辺境では、中央アジアのハイドとのあいだに戦争がつづいており、一三〇一年、ハイドはオゴデイ家とチャガタイ家の全兵力を動員した連合軍を率いて、モンゴル高原に侵攻した。戦闘はハイドの勝利に終わったが、その帰り道で、ハイドは病死した。

ハイドの死後、オゴデイ家のハーンの位は、その息子のチャバルが継いだ。チャガタイ家の当主ドワは、チャバルと相談して、一三〇五年、元朝のテムル・ハーンに対して講和を申し入れた。テムル・ハーンはこれを受け入れて、ここではじめて全モンゴル帝国が、元朝のハーンを宗主として承認することになった。

まもなくドワとチャバルは仲間割れをおこした。チャガタイ家軍と元軍に挟み撃ちされたチャバルは、翌一三〇六年、進退窮まってドワに降伏し、チャバルのオゴデイ家領はチャガタイ家に併合された。こうしてオゴデイ家はついに滅びた。

一三〇七年のテムル・ハーンの死後、皇太后ココジン・ハトンの出身氏族であるフンギラト派が実権を掌握した。かれらは皇室との姻戚関係を保って権勢を維持するため、クーデターをおこし、ハーンの暗殺まで行なってじゃまものを排除した。

一三二〇年に即位したシッディパーラ・ハーンが政治体制の改革に乗りだすと、これにより利権を失うことを恐れたフンギラト派の旧勢力が猛反発し、一三二三年九月四日、フンギラト派の廷臣たちが共謀してハーンを殺害した。

シッディパーラ・ハーンには位を継ぐべき息子がなかったので、フンギラト派は晋王イエスン・テムルに使を送って、その即位を求めた。イエスン・テムルは、晋王カマラの息子である。

元朝の行政地図
(第2代テムル・ハーン時代を標準とする)
バイカル湖
アンガラ河
キルギズ
ケムケムジュート
バルハシ湖
ハイド・ハーン領
エミル
オイラト
セレンゲ河
オルホン河
カラコルム
トーラ河
ケルレン河
オノン河
アムール河
アルタイ山脈
カヤリク
ベシュバリク
ウイグリスタン
ハミ
ロブ・ノール
タリム河
嶺北行省
ゴビ砂漠
女直
遼陽行省
瀋陽
(征東行省)
遼陽
東寧
開京
合浦
対馬
壱岐
博多
高麗
耽羅
(済州島)
エジネ
上都開平府
オングト
キタイ
大都
(カーンバリク)
沙州
粛州
甘粛行省
甘州(張掖)
寧夏
タングト
青海
西寧
京兆
(西安)
陝西行省
中書省
黄河
開封
揚州
河南行省
吐蕃
チベット
ラサ
成都
長江
武漢
臨安
杭州
四川行省
岳州
マンジ
南昌
江浙行省
台州
温州
福州
泉州
(ザイトン)
瑠求
潮州
江西行省
湖広行省
雲南行省
昆明
広州
安南
大羅
ガンジス河
元朝の本土
元朝の行省
元朝首都
行省首都

シッディパーラ・ハーンを殺害したフンギラト派の廷臣たちが、晋王イェスン・テムルをつぎのハーンに迎えようとしたのは、イェスン・テムルの母がフンギラト氏族の出身だったからである。イェスン・テムルはただちに一三二三年十月四日、ケルレン河畔のチンギス・ハーンの大オルドにおいて即位式を挙げた（泰定帝《たいていてい》、在位一三二三〜一三二八年）。それと同時に、新ハーンは大都に軍隊を急行させて、シッディパーラ・ハーンを殺害した廷臣の一党を逮捕し、ことごとく処刑してしまった。

内乱と軍閥の台頭

イェスン・テムル・ハーン自身はその冬の十二月十二日、大都に到着して元朝の権力を掌握した。ハーンが去ったあとのケルレン河畔のチンギス・ハーン廟で、翌一三二四年の秋のはじめに書かれたのが、『元朝秘史』の続編の『元朝秘史続集』である。これにはチンギス・ハーンの即位後、一二二七年の死と、一二二九年のオゴデイ・ハーンの即位までの物語が書かれている。

一三二八年のイェスン・テムル・ハーンの死とともに、元朝には内乱がおこった。ハーンには、フンギラト氏の皇后バブハン・ハトンとのあいだに生まれた皇太子ラキパクがあり、上都において即位した（天順帝《てんじゅんてい》）。ところが大都ではこれに反対して、九月八日、エル・テムルの指揮するキプチャク人軍団のクーデターがおこった。このころ、故ハイシャン・ハーンの次男トゥク・テムルは、海南島《かいなんとう》から湖北の江陵《こうりよう》にうつされていたが、エル・テムルはトゥク・テムルを大都に呼び寄せてハーンにおし立て、上都《じようと》と開戦した。

キプチャク人軍団は、モンケが、即位前に従軍したバトの西方遠征軍において戦功をたてて、モンゴル高原に連れ帰ったもので、北コーカサス出身のキリスト教徒のアスト（オセト）人軍団と並んで、その弟フビライ・ハーンの親衛隊となった。ことにハイドとの戦争では、キプチャク人軍団はめざましい働きをし、その司令官トゥクトゥカは、戦功によってモンケ・ハーンのオルドを下賜されたほどであった。トゥクトゥカの息子はチョングル、チョングルの息子がエル・テムルである。

一三二八年の戦争は、二ヵ月つづいた後、十一月十四日にいたって、大都のエル・テムルの軍が上都を攻め落として、内乱に決着がついた。ラキパクは行方不明になった。

エル・テムルの死後の宮廷の最高実力者は、アスト人軍団を率いるメルキト人のバヤンであった。一三三五年、バヤンはエル・テムルの息子タンギシのクーデターを鎮圧してこれを殺し、独裁権を握った。

バヤンの権勢は元朝のハーンを上まわるほどになった。これをきらったトゴン・テムル・ハーンは、バヤンの弟マジャルタイの息子トクトアを煽動して、伯父を除かせることにした。一三四〇年、トクトアの手で行われたクーデターでバヤンは追放されて死に、かわってマジャルタイ、トクトア父子が権力を握った。

五　白蓮教の紅巾の乱

ゾロアスター教系の民間宗教

こうして元朝の宮廷で政争がくりかえされているあいだに、中国ではモンゴル人の支配に対する反抗がはじまっていた。一三四八年、台州《たいしゅう》（浙江省《せっこうしょう》の天台県《てんだいけん》）の塩商人の方国珍《ほうこくちん》が反乱をおこして海賊となり、江蘇《こうそ》・浙江・福建の海岸を荒らしはじめた。一三五一年には、白蓮教《びゃくれんきょう》という宗教秘密結社の組織する紅巾軍《こうきんぐん》の反乱が、河北・山東・河南・安徽《あんき》・湖北《こほく》にわたって爆発し、中国の穀倉地帯はことごとく反乱軍の手に落ちた。

白蓮教は、ペルシアのザラトゥシュトラ（ゾロアスター）教の系統の民間宗教であった。その教えでは、この世界は光明の善神の陣営と暗黒の悪神の陣営とのあいだの戦場であり、時間の終わりに光明が暗黒に勝って、それとともに世界は消滅するが、その前に救世主があらわれて光明の信徒を治める至福の時期があることになっている。一三五一年の紅巾の反乱は、近く世界中が大戦争によって破滅し、救世主が降誕するという、河北の中国人韓山童《かんさんどう》の予言によってはじまった。韓山童は逮捕されたが、その息子の韓林児《かんりんじ》は逃れて、やがて一三五五年、紅巾軍の中央政府が亳州《はくしゅう》（安徽省の亳州市）に成立すると、韓林児は迎えられて即位し、大宋皇帝《だいそうこうてい》・小明王《しょうめいおう》と称した。

白蓮教の用語では、救世主を「明王」と呼ぶ。光明の原理である善神を代表して、暗黒の原理である悪神と戦う王者のことである。

元軍の弱体化と紅巾政権

トクトアは一三五二年、みずから大軍を率いて紅巾の討伐にむかい、徐州《じょしゅう》（江蘇省の徐州市）を奪回して敵に大打撃を与えた。元朝の宮廷では、トクトアの権勢は並ぶ者はなかったが、トゴン・テムル・ハーンは今度はトクトアを除こうとして策謀をめぐらした。一三五三年、方国珍と同じく塩商人出身の中国人張士誠《ちょうしせい》が江蘇で反乱をおこし、高郵《こうゆう》（江蘇省の高郵県）に政権を建てたので、トクトアは翌一三五四年、ふたたび大軍を率いて出征した。その陣中に、ハーンからの解任の詔書が到着し、トクトアの指揮権を取り上げていっさいの官職を剝奪し、追放処分にした。トクトアは翌年、雲南の配所で毒殺された。

これによって、一三二八年の内乱以来、宮廷を意のままにあやつってきた軍閥の勢力は取り除かれたが、軍閥の没落は元軍の指揮系統を分裂させて、その戦闘力を弱める結果となった。亳州の韓林児の紅巾政権は、そのすきをついて樹立されたものであった。紅巾政権は、一時、元軍に撃破されて安豊《あんほう》（安徽省の鳳陽《ほうよう》県）に退いたが、たちまち勢いを盛り返して、一三五八年には汴梁《べんりょう》（河南省の開封《かいほう》市）に進出し、三手にわかれた紅巾軍が山東・山西・陝西にむかって同時に進撃を開始した。このうち山西にむかった一軍は、山西から大同《だいどう》盆地を通ってモンゴル高原に入り、上都を陥れて宮殿を炎上せしめ、東方にむかって満洲に入り、一三五九年には遼陽《りょうよう》を占領し、さらに鴨緑江《おうりょっこう》を渡って高麗王国に入り、平壌を陥れた。この紅巾軍は一度は高麗軍によって鴨緑江外に撃退されたが、一三六一年にはふたたび侵入して、高麗の王都開城を陥れた。

恭愍王の反抗運動

トゴン・テムル・ハーンの最初の皇后ダナシュリー・ハトンは、将軍エル・テムルの娘であったが、父の死後、兄タンギシが一三三五年にクーデターに失敗してバヤンに殺されると、皇后も追放され、上都の民家で毒殺された。つぎの皇后バヤン・フトゥク・ハトンはフンギラト氏であったが、子どもがなかった。ここでトゴン・テムル・ハーンに気に入られたのが、高麗の貴族奇子敖《きしごう》の娘である。バヤンは奇氏を皇后とすることに反対であったが、バヤンが一三四〇年、トクトアによって追放されると、奇氏は第二皇后の地位を獲得した。奇皇后が生んだ皇子アーユシュリーダラは、一三五三年、皇太子に立てられた。このため奇皇后の一族の高麗人たちは、元朝の宮廷においても、高麗の本国においても、絶大な権勢をふるい、ことに奇皇后の兄奇バヤン・ブハ（奇轍《きてつ》）の権勢は、本国の恭愍王《きようびんおう》バヤン・テムルを圧した。

恭愍王は一三五六年、抜き打ちのクーデターで奇バヤン・ブハとその一党を皆殺しにし、時をうつさず高麗軍を出動させて、久しく元朝の所領であった双城《そうじよう》（咸鏡南道《かんきようなんどう》の永興《えいこう》）を攻め落とした。このとき双城で高麗軍に降伏した者のなかにウルス・ブハ（李子春《りししゆん》）という女直人があったが、その息子が李成桂《りせいけい》（朝鮮の太祖王《たいそおう》）で、当時二十二歳であった。高麗軍はそのまま北に進んで、咸興《かんこう》・洪原《こうげん》・北青《ほくせい》の地を九十九年ぶりにモンゴルから奪回した。高麗軍の別の一部隊は鴨緑江を渡って、遼陽・瀋陽《しんよう》に通ずる交通路を攻撃した。

母方ではチンギス・ハーンの血を引いている恭愍王の、このモンゴルに対する反抗運動は、奇氏の一族の圧迫から身を護るために、やむをえずとった行動であった。恭愍王は、高麗本国内の反対派の打倒に成功すると、ただちにトゴン・テムル・ハーンと和解した。

しかし奇皇后は決して恭愍王を許さず、一三六四年、高麗の忠宣王《ちゅうせんおう》イジル・ブハの庶子の徳興君《とっこうくん》タス・テムルという者を高麗国王に立て、遼陽・瀋陽の高麗人部隊をつけて高麗本国に送りこみ、恭愍王を打倒しようとした。徳興君の軍は鴨緑江を渡ったが、清川江《せいせんこう》の北で本国軍に大敗し、恭愍王の打倒は失敗した。このとき李成桂は、本国軍に加わって奮戦している。

明軍の大都入城

紅巾軍の進出に直面した元朝の宮廷が頼りにしたのは、河南のチャガーン・テムルの軍隊であった。チャガーン・テムルはウイグル人で、曾祖父以来、河南に定住した家柄である。チャガーン・テムルは一三五二年、紅巾軍の河南進出に際して、郷土防衛のために義勇軍を結成し、活動をはじめた。チャガーン・テムルは山東・山西・河南・陝西の紅巾軍をつぎつぎと撃滅し、ついに一三五九年、紅巾の首都汴梁《べんりょう》を奪回して、紅巾政権を崩壊せしめた。

チャガーン・テムルは一三六二年、山東の残敵を掃討中に殺され、その甥で養子のココ・テムル（王保保《おうほうほう》）がかわって河南軍閥を率いた。このころ元朝の宮廷では、皇太子アーユシュリーダラの一派と、それに反対する勢力との抗争がつづいていた。皇太子はココ・テムルを後ろ盾としたが、反皇太子派は、山西の大同盆地の軍閥ボロ・テムルと手を握った。そして大同軍閥と河南軍閥のあいだには、山西の帰属をめぐって絶えず戦争がつづき、トゴン・テムル・ハーンの調停もなんの効果もなかった。とどのつまり、一三六四年、ボロ・テムルの軍が大都を占領し、皇太子は太原に出奔して、ココ・テムルの保護を求めるという、最悪の事態に発展した。翌一三六五年、ボロ・テムルはココ・テムルによってほろぼされ、皇太子は宮廷に帰ることができた。

こうして北方で、元朝側の軍事力が同士討ちによって消耗しつつあるあいだに、南方では、紅巾の一派の朱元璋《しゅげんしょう》が、南京に拠って勢力を拡大し、一三六六年には韓林児を引き取っておいて、長江に放りこんで殺した。一三六七年、朱元璋は部下の大軍に命じて、いよいよ北方にむかって総攻撃を開始した。翌一三六八年一月二十三日、朱元璋は南京において即位式を挙げて皇帝となり、国号を大明《だいみん》と定めた（明の太祖洪武帝《こうぶてい》）。「大明皇帝」という称号は、韓林児の「小明王」に対するもので、「大明」はまた、太陽を意味する。これが明朝の建国である。

同年の九月七日、明軍が大都に迫ったので、トゴン・テムル・ハーンは夜半、大都城の北壁の建徳門《けんとくもん》を開いて脱出し、居庸関《きょようかん》を通ってモンゴル高原に避難した。十四日、明軍が大都に入城した。

こうしてフビライ家は中国の所領を失い、中国史の第三期の元朝時代は終わったが、これで元朝が滅亡したわけではなかった。トゴン・テムル・ハーンは最初、上都に宮廷をおいたが、翌年、上都も明軍の手に落ちたので、さらに北の応昌府《おうしょうふ》の町にうつった。一三七〇年五月二十三日、トゴン・テムル・ハーンは応昌府で死に、皇太子アーユシュリーダラがハーンの位を継いだ（北元の昭宗《しょうそう》ビリクト・ハーン）。トゴン・テムル・ハーンはのちに明から「順皇帝《じゅんこうてい》」という死後の称号を贈られた。これから元朝は約二百七十年間、モンゴル高原で存続し、歴史書では北元と呼ばれることになる。

六　明朝

名ばかりの皇帝

元の世祖フビライ・セチェン・ハーンによってつくりだされた北モンゴルから南シナ海におよぶ帝国は、元朝の中国に君臨した最後の皇帝である恵宗《けいそう》トゴン・テムル・ハーン

（順帝《じゅんてい》）の治世にその組織が完成し、一三六八年から元朝にかわって中国を支配するようになった明朝によって、その政治・経済制度が継承された。

明の太祖洪武帝（在位一三六八～一三九八年）は、社会の最下層の貧民、それも乞食坊主から出発して、白蓮教の秘密結社の内部の階段を一歩一歩のぼりつめ、四十一歳でついに皇帝になった。皇帝にはなったが、即位当時の洪武帝には、あまり行動の自由がなかった。洪武帝は、もともと白蓮教徒の郭子興《かくしこう》組の組員の一人だった。南京を占領して自前の政権をつくってからも、洪武帝を取り巻く側近は、全員が同じ組の出身の兄弟分だった。そういうわけで、皇帝と臣下とはいっても、実際にはたいして格のちがいがなく、みんな「貴様」、「おれ」の間柄だったのである。

洪武帝（朱元璋）

当時、洪武帝の側近でいちばんの実力者だった李善長《りぜんちょう》という人は、洪武帝よりも十四歳も年上で、もともと洪武帝の直系ではなく、洪武帝自身と同じく郭子興の子分だった。だから洪武帝にしてみれば、李善長は大兄貴分というわけで、気安く命令するなど思いもよらず、遠慮しなければならない相手だった。

李善長は、洪武帝の中書左丞相《ちゅうしょさじょうしょう》(総理大臣)になった。それ以外の官僚のトップ・クラスも、はじめからの洪武帝の子分ではなく、郭子興の子分だった者たちだった。

そうした事情で、洪武帝の在位のはじめの十数年間は、軍政をつかさどる大都督府《だいととくふ》(参謀本部)は紅巾の軍人たち、中書省《ちゅうしょしょう》(内閣)はそれと気脈を通じている李善長・汪広洋《おうこうよう》・胡惟庸《こいよう》らのもと郭子興組員たちに占領されていて、洪武帝は皇帝とは名ばかり、腕をふるう余地は少なかった。洪武帝は、将来の独裁の布石として、息子たちを王にすることにし、息子たちを通じて、皇帝個人の軍隊の養成をすすめた。

洪武帝の年長の三人の息子は、秦王《しんおう》、晋王《しんおう》、燕王《えんおう》に封ぜられ、それぞれ西安《せいあん》、太原《たいげん》、北京に領地をもらい、現地には護衛という名の専属の軍隊が設立された。他の年下の息子たちも、それぞれ王に封ぜられた。しかし、みなまだ若かったので、領地には行かず、洪武帝の故郷の鳳陽県(安徽省)に住んでいた。

胡惟庸の獄

一三七八年、諸王が二十歳代に入ったのを機に、洪武帝はいよいよ行動をおこした。秦王と晋王は、はじめて自分たちの領地におもむき、翌一三七九年、各自の護衛を率いて南京に帰ってくる。青海省《せいかい》の征伐に行っていた養子の沐英《もくえい》も、大軍を率いて南京に凱旋してくる。こうして、紅巾系でない、洪武帝直系の軍隊の南京集結は完了した。

その年末、洪武帝は突如、中書右丞相《ちゅうしょうじょうしょう》の汪広洋を罷免し、海南島に追放した。その途中で、勅使が追いついて、汪広洋の首をはねた。

翌一三八〇年のはじめ、中書左丞相の胡惟庸も謀反《むほん》の罪で逮捕され、ただちに死刑に処せられた。皇太子の指揮する皇帝軍は、南京城内の紅巾系の軍隊を襲撃して、一万五千人を虐殺した。この事件を「胡惟庸の獄」という。

紅巾軍とはちがい、南京に集結した皇子たちの直系の軍隊と、養子の沐英の率いる軍隊とは、洪武帝だけに仕える軍隊である。洪武帝は、それを使って、かつて同志だった紅巾軍を全面的に弾圧したのである。

洪武帝は、胡惟庸事件につづいて、これまで行政と軍事の最高の中央官庁だった中書省と大都督府を廃止した。

中書省には六つの「部」、吏部《りぶ》、戸部《こぶ》、礼部《れいぶ》、兵部《へいぶ》、刑部《けいぶ》、工部《こうぶ》があった。これらは唐代からあって、吏部は人事院、戸部は財務省、礼部は外務省、兵部は防衛庁、刑部は法務省、工部は建設省に相当した。洪武帝は中書省を廃止し、六つの部がそれぞれ皇帝に直属するように改革した。言い換えれば、皇帝が総理大臣も兼ねることにしたわけである。

洪武帝は、また参謀本部に相当する大都督府を廃止し、前軍《ぜんぐん》都督府、後軍《こうぐん》都督府、左軍《さぐん》都督府、右軍《うぐん》都督府、中軍《ちゅうぐん》都督府の五つの司令部に分割した。つまり、皇帝が参謀総長を兼ねたことになる。

また行政監察機関である御史台も一時廃止されたが、やがて都察院《とさついん》と名前を変えて復活した。しかしその長官は一人ではなく、左都御史《さとぎょし》、右都御史《うとぎょし》と二人になった。皇帝が行政監察院の長官を兼ねたわけである。

こうして皇帝がすべての最高官庁の長官を兼任するかたちになった。こうした権力の集中は、「胡惟庸の獄」のおかげで、はじめて実現したのである。

元朝地方軍を引き継いだ「軍戸」

洪武帝が施行した明朝の地方制度には、きわだった特色がある。

洪武帝は、一三六八年の即位の直後、新しい軍隊編制をはじめていた。これが「衛所《えいしょ》制度」といわれるもので、人民を「軍戸《ぐんこ》」と「民戸《みんこ》」にわけて、別々の戸籍に登録する。「軍戸」に指定された家柄は、代々職業軍人を出すことになる。軍戸が構成する都市は「衛《えい》」と呼ばれ、民戸の「県」に相当した。衛の定員は兵士五千六百人、その司令官は指《し》揮《き》と呼ばれる。一つの衛の下には、五つの「千戸所《せんこしょ》」がおかれ、定員はそれぞれ兵士千百二十人、その指揮官は千戸（千人隊長）である。一つの千戸所の下には、十の「百戸所」がおかれ、定員はそれぞれ兵士百十二人、その指揮官は百戸（百人隊長）。その下に下士官として総旗《そうき》（五十人隊長）二人、小旗《しょうき》（十人隊長）十人を任命する。こういった十進法の組織は、モンゴル帝国の軍事制度であった「トゥメン」（万人隊）、「ミンガン」（千人隊）、「ジャウン」（百人隊）、「アルバン」（十人隊）と同じである。

胡惟庸の獄のあとの一三八一年、洪武帝は全国いっせいに戸口調査を実施し、「黄冊《こうさつ》」という戸籍をつくった。この戸籍に登録された一般人民である「民戸」が構成する「県」の下には、百戸所に相当する「里《り》」がおかれ、一つの里の定員は百十戸、その総代が里《り》長《ちょう》で、その下には十個の「甲《こう》」をおき、それぞれの甲の総代が甲首《こうしゅ》、一つの甲の定員は十戸だった。これが「里甲《りこう》制度」である。

このように軍戸と民戸をわけて、別々の編制にするのは、モンゴル帝国の、遊牧民と定住民の二重組織そのままである。実際、明朝の軍戸は、どうも元朝時代の非漢人の子孫らしい。東京・駒込の国会図書館支部・東洋文庫には、明代の世襲の将校たちの名簿があって、これを「選簿《せんぼ》」というが、それを見ると、初代の将校たちはみなモンゴル風の名前を持っている。つまり元朝のとき地方に駐在していた軍隊を、明朝がそのまま引き継いだのが、軍戸の起源だったらしい。

十進法の命令系統の組織は、匈奴以来の北アジアの遊牧帝国の伝統だったが、中国内地で施行されたのは明朝がはじめてだった。このことは、明朝の制度が、漢人の伝統を復興したものではなく、モンゴル帝国の伝統を引き継いだことの明らかな証拠である。

官僚派勢力の強大化

汪広洋と胡惟庸が粛清されたあと、紅巾派にかわって、官僚派の勢力が宮廷で強くなったが、それでも李善長は、洪武帝に大切にあつかわれていた。

胡惟庸事件のとき、反紅巾派の群臣は、李善長を取り調べようと主張したが、洪武帝はこう言って、李善長をかばった。

「わしがはじめて兵をおこしたとき、李善長はわしの陣中に会いに来て、『希望の光が見えました』と言った。そのとき、わしは二十七歳で、李善長は四十一歳だった。話が気に入ったので、文書や帳簿をあつかわせ、相談相手にした。だから、わしの功業が成ってから、最高の爵位を授け、わしの娘をその息子と結婚させたのだ。わしの最初からの腹心なのだから、何も言わないでくれ」

その後、一三九〇年になって、洪武帝の宮廷の反紅巾派の官僚たちが、李善長が元朝の遺臣をかばったといって、はげしく弾劾した。もう六十三歳の老皇帝は、七十七歳の李善長を召しいだし、二人でむかし語りをしたあげく、涙を流しながら群臣にむかって、自分に免じて、まげて李善長を許してやってくれと乞うた。群臣は聞きいれない。李善長は泣き崩れて、洪武帝に暇乞《いとまご》いをし、邸に帰って首をくくった。李善長に連坐して、四人の功臣が死刑になった。つまり、洪武帝自身ですら対抗できないほど、諸王と官僚の力が強くなったのである。

こうして洪武帝の脱紅巾・脱白蓮教政策は成功し、明朝の中国支配は安定したかに見えた。ところでその後まもなく、大事件がおきた。ことの発端は、馬《ば》皇后が生んだ皇太子朱《しゅ》標《ひょう》が一三九二年に三十九歳で早死したことだった。皇太子はよくできた人で、群臣の中の対立を調停し、紅巾派と官僚派の仲をとりもって、あまりひどいことにならないようにつとめていた。その皇太子が亡くなったので、すでに老いこんで病気がちであった洪武帝は、自分の手足を失ったように泣き悲しみ、がっくりと衰弱した。雲南省の駐屯地でこの悲報を聞いた養子の沐英も、泣きつづけたあげく急死した。洪武帝のむかしの紅巾仲間たちは、自分たちがやがて窮地におちいることを悟った。

永楽帝の北京遷都

そして、早くも翌一三九三年、藍玉《らんぎょく》の謀反事件がおきる。藍玉は一三五五年、和《わ》州で

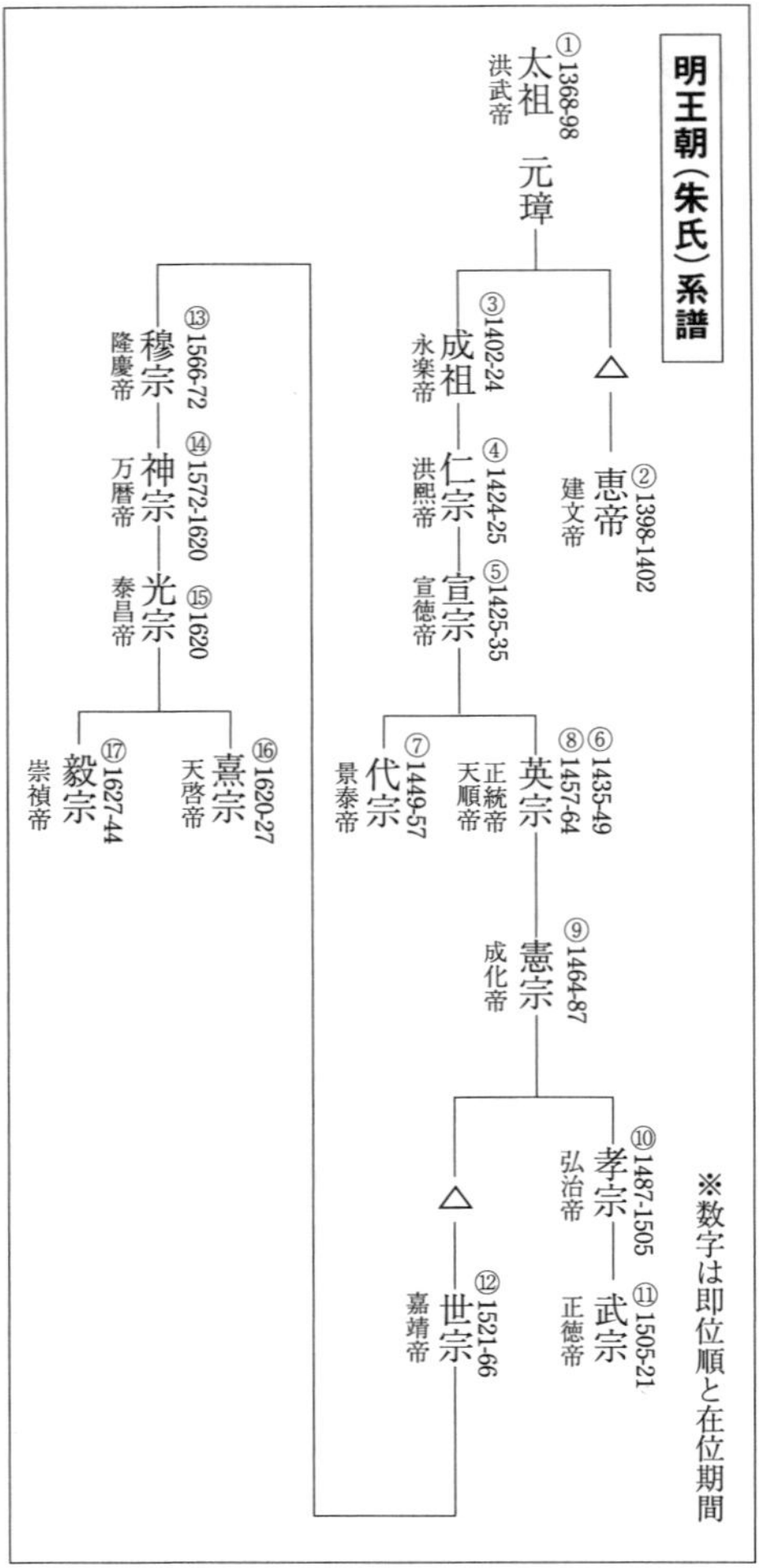

郭子興組に加入した古い組員・常遇春《じょうぐうしゅん》の妻の弟で、赤ら顔の大男、勇敢で知略に富んだ有能な将軍だったが、洪武帝に対するクーデターを計画したということで逮捕された。しかしこの事件は、明らかに諸王派と官僚派のでっちあげである。藍玉の一家は全員死刑になり、連坐して逮捕され処刑された者が一万五千人にのぼった。紅巾軍出身の功臣、大

官、小吏、兵士にいたるまで、ほとんどが殺され、白蓮教は社会の表面からまったく姿を消した。しかしふたたび地下にもぐった白蓮教の組織は、根づよく生きつづけて、やがて明末の十七世紀になって、反乱をおこすのである。

こうして紅巾派の排除が完了すると、これまで協力してきた諸王派と官僚派の同盟も破れた。しかし亡き皇太子の同母弟である秦王と晋王が健在のうちはまだよかった。ところが秦王は一三九五年に死に、晋王は一三九八年に死んだ。そうすると、諸王の筆頭は、北京に駐屯している燕王朱棣《しゅてい》になる。この燕王の母は、馬皇后ではなく、碽妃《こうひ》という人だった。腹違いだから、官僚派が擁立している皇太孫朱允炆《しゅいんぶん》とは関係がうすい。いきおい、官僚派と燕王の関係が緊張することになる。

その矢先、晋王の死のわずか二ヵ月後、明の太祖洪武帝は、七十一歳で死んだ。すでに死んでいた皇太子の次男の皇太孫朱允炆が、二十二歳で南京で皇帝の位についた。これが建文帝《けんぶんてい》(在位一三九八～一四〇二年)である。

その翌年の一三九九年、燕王朱棣は北京で反乱をおこし、南京の建文帝の宮廷に対して開戦した。こうして、「靖難《ぜいなん》の役」と呼ばれる、四年間の大戦争になったが、ついに一四〇二年、燕王軍は南京を攻め落とし、建文帝は行方不明になった。燕王は南京で即位して皇帝となった。これが明の太宗《たいそう》(成祖《せいそ》)永楽帝《えいらくてい》である(在位一四〇二～一四二四年)。永楽帝は、明朝の都を南京から、自分の本拠地の北京にうつし、一四二〇年、正式に北京を首都と宣言した。

七　北虜南倭

失地回復をねらう元朝勢力と朝鮮建国

一方、北のモンゴル高原に退却した元朝は、依然として強大で、失地回復をねらってい た。一三七二年、明朝の大将軍徐達《じょたつ》は十五万の大軍を率いて、ゴビ砂漠を横切って、まっしぐらにカラコルムにむかって進撃した。しかし、モンゴル軍の奮戦にあって、一万人以上の戦死者を出して、作戦は失敗に終わった。この敗戦によって、洪武帝がこころざした、モンゴル高原と中国を合わせた世界帝国の皇帝になる夢は破れた。

その当時の元朝と明朝の勢力分布を地図で見ると、華北・華中・華南は明朝の支配下に入ったが、雲南省は元朝が支配していた。雲南省は、十三世紀の末から、梁王《りょうおう》という称号をもつフビライ家の皇族が代々領地にしていた王国だった。雲南省のほかに、青海省にも、元朝の大きな勢力があった。満洲にも、ジャライル部族のナガチュ国王というモンゴル貴族の王家があった。朝鮮半島の高麗国王家も、元朝の姻戚だった。

一三七八年、洪武帝は養子の平西将軍沐英を派遣して、青海省を征伐させた。沐英は、青海省のモンゴル人とチベット人を征服し、一三七九年になって、南京に凱旋した。

一三八一年、征南将軍傅友徳《ふゆうとく》と、沐英らの率いる三十万の明軍は雲南省に遠征し、元朝の梁王バザラワルミという皇族は、敗れて自殺した。それまで雲南省は中国領ではなかったが、このとき明朝に征服されて、はじめて中国の一部と見なされるようになったのである。沐英は、征服後も雲南省にとどまり、その子孫は明朝の終わりまで、代々雲南省に駐在して、事実上の雲南王だった。

一三八七年、洪武帝は満洲に二十万の明軍を派遣して、ナガチュが率いる元軍を征伐させた。ナガチュは明軍に降伏した。これによって、モンゴル高原の北元と、朝鮮半島の高麗王国の連絡は絶たれた。

高麗の恭愍王は、一三七四年に暗殺され、養子の王禑《おうご》(牟尼奴《ムニヌ》)が後を継いだ。一三八八年、明軍がモンゴル高原に深く進攻して、北元のトクズ・テムル・ハーンが逃走の途中で反乱軍に殺されると、洪武帝は、もと元領だった咸鏡道《かんきょうどう》の地を、高麗から取り上げて明領にすると、高麗に通告してきた。これに反撥した高麗王は、北元を助けるべく、ふたたび高麗軍に満洲に進攻するよう命令した。

ところが、高麗軍が鴨緑江のほとりに達したとき、その副司令官であった李成桂は、もう一人の副司令官曹敏修《そうびんしゅう》と共謀して命令を拒否し、王都開城にむかって進軍し、王を廃位した。その四年後の一三九二年、李成桂はついにみずから高麗国王の位につき、明の洪武帝にこのことを報告した。洪武帝は、「国号はどうあらためるのか、すみやかに知らせよ」と返事をした。そこで高麗のほうでは、「朝鮮《ちようせん》」と「和寧《わねい》」という二通りの国号候補を準備して、洪武帝に選択を請うた。洪武帝は、むかし前漢の武帝にほろぼされた王国の名前である「朝鮮」を選んだ。こうして高麗王国は、翌一三九三年から朝鮮王国と国号が変わった。これが朝鮮の建国である。こうして朝鮮半島は、モンゴル帝国から分離して独立した。

土木の変の勃発

都を北京にうつした永楽帝以後の明朝は、モンゴル人の元朝の復興のようなものだった。元朝の時代に、華北の河北省、山西省、山東省、河南省、陝西省には、多数のモンゴル人や、中央アジアから来たイスラム教徒、キリスト教徒、ユダヤ教徒が住み着き、北京はかれらの中心だった。現在でも、北京の周辺や山東省には、イスラム教徒のコロニーがたくさん残っている。こうした非漢人色の強い華北が永楽帝の地盤だったし、永楽帝の宮中の后妃や宦官《かんがん》には非漢人が多かった。「三保太監《さんぽうたいかん》、七たび西洋に下る」の故事で有名な、インド洋遠征艦隊の司令官・鄭和《ていわ》も、イスラム教徒の宦官である。

永楽帝自身も、モンゴル帝国の大ハーンの地位にあこがれて、北元を征服してモンゴル人に正統のハーンと認められようと、みずから大軍を率いて五回もモンゴル高原に遠征し、そのうち三回はゴビ砂漠を渡っていまのモンゴル国の地に達したが、ついにモンゴル人を屈服させることはできず、一四二四年の最後の遠征の途中、モンゴル高原で病死している。

明朝の時代の北辺の防衛は、俗に九辺鎮《きゅうへんちん》と称せられるものに託されていた。遼東《りょうとう》鎮、薊州《けいしゅう》鎮、宣府《せんぷ》鎮、大同鎮、山西鎮、延綏《えんすい》鎮、寧夏《ねいか》鎮、固原《こげん》鎮、甘粛鎮がこれであって、明朝はこれらに大軍を集結させて辺境の防御《ぼうぎょ》に当たった。永楽帝（在位一四〇二～一四二四年）とその息子の洪熙帝《こうきてい》（在位一四二四～一四二五年）、孫の宣徳帝《せんとくてい》（在位一四二五～一四三五年）のときは、皇帝の威光がまだ通用していて、九辺鎮を懐柔する必要はなかったが、宣徳帝の息子正統帝《せいとうてい》（在位一四三五～一四四九年）のときになると、九辺鎮の情勢が内政を左右するようになり、皇帝はその地位を確保するために、九辺鎮に重賞を下賜してその歓心を買うに努めるようになった。そのあげく、「土木の変《どぼくのへん》」がおこる。

このころ、モンゴル高原では、オイラトのエセン太師が覇権を握っていて、ケンテイ山脈以東のモンゴルのタイスン・ハーンとともに、明辺を悩ましていた。一四四九年、エセン太師のオイラト軍は、モンゴル軍と協同して、四手にわかれて一斉に明領に進攻した。エセン太師自身の率いる本軍は、山西の大同を攻めた。

当時の明朝の正統帝は、まだ二十二歳の若さで、気は強いが無分別な君主であった。当時明の宮廷でもっとも羽振りのよかった宦官は王振《おうしん》で、病的に名誉欲が強く、皇帝をあおってオイラトに対して必要以上に好戦的な態度をとらせた。明とオイラト両者の決裂の直接の原因になったのは、オイラト使節の人数の問題で、正統帝は、三千人にものぼったその人数をきびしく制限し、オイラトにあたえる贈り物の額も大幅にけずったのである。この挑発はエセンを憤慨させた。

オイラト軍の大侵入の知らせを受けた正統帝と王振は、ただちに親征を決意し、八月五日、五十万の軍とともに北京を出発した。皇帝率いる明軍は、居庸関を出て宣府を経、十九日、大同に着いた。エセンの軍はひとわたり掠奪を終えて引き揚げたあとであったが、あまりに戦火の被害の大きいのに驚いた王振は、にわかに恐怖心に駆られて北京に引き返すことにし、二十八日には宣府に達した。

しかし危険はたちまち迫ってきた。皇帝と宦官たちの日用品いっさいを積みこんだ何万輛という牛車隊の足どりが遅々としてはかどらずにいるうちに、皇帝の所在を察知したエセンの騎兵部隊が全速力で追いついてきたのである。九月四日、宣府を出発しようとした皇帝軍の殿軍《しんがり》は、オイラト軍の攻撃を受けて四万人が戦死した。翌五日、宣府の東方の土《ど》木堡《ぼくほ》にたどりついた皇帝軍は、そこで二万のオイラト軍に包囲されて動くことができず、六日に総攻撃を受けて数十万人の死者を出して全滅した。王振をはじめ、従軍した大官、大将たちはみな死んだ。正統帝は捕虜になった。この事件が「土木の変」である。

明朝の長城建設

エセン太師は正統帝の身柄を、有利な条件と引き替えに送還するつもりであったが、北京のほうでは、正統帝の弟の景泰帝《けいたいてい》（在位一四四九〜一四五七年）を新しい皇帝に立てて、正統帝の帰国を歓迎せず、和議はなかなかまとまらなかった。しびれをきらしたエセン太師は、この年の秋、ふたたび明領に侵入し、正統帝を連れて五日間北京を包囲したが、これも効果がなく、結局、翌一四五〇年の九月、無条件で正統帝を送還した。

正統帝は上皇として南宮に蟄居《ちっきょ》していたが、一四五七年、武清侯石亨《せきこう》らがクーデターをおこして、景泰帝を廃してふたたび正統帝を擁立し、年号を景泰から天順にあらためた。

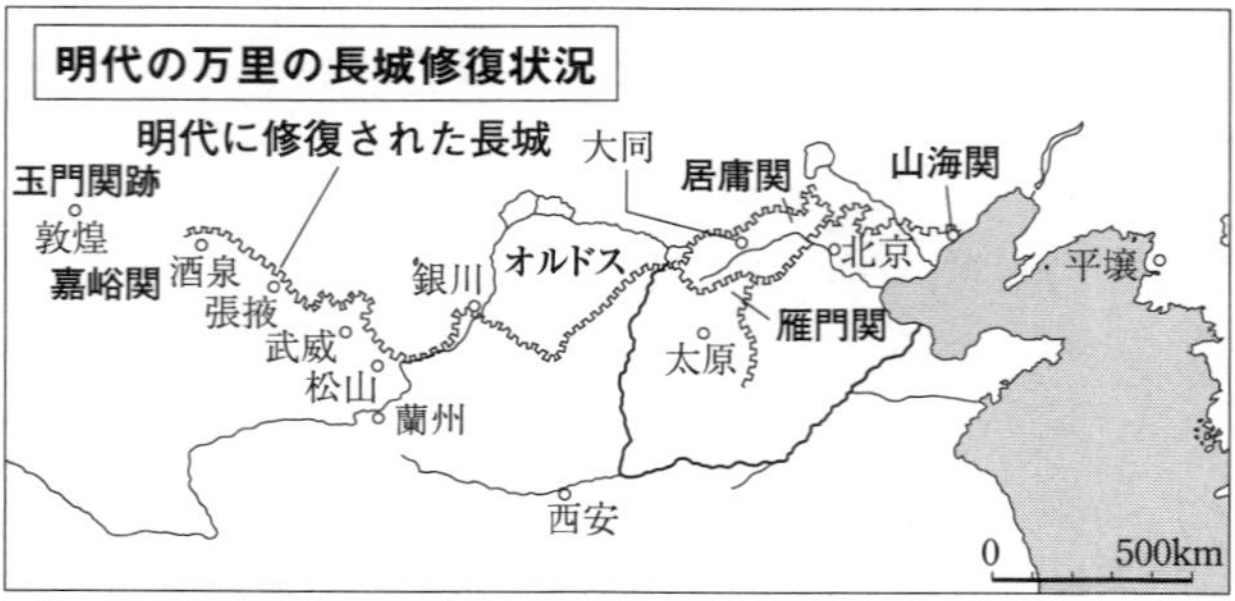

明代の万里の長城修復状況

15世紀初の永楽帝の時代に河北・山西北辺、15世紀中頃に内長城、15世紀後半にオルドス南縁、16世紀中頃に東方一帯が今日の規模の長城になる。西方の長城は15世紀末から16世紀初、蘭州北方は16世紀末に築かれた。

明朝の領域

これが天順帝（在位一四五七～一四六四年）である。

正統帝のとき、オイラト軍の侵入を防ぐために内長城が築かれ、成化帝《せいかてい》（在位一四六四～一四八七年）のときには、河套《かとう》の南縁に沿った長城が築かれた。弘治帝《こうちてい》（在位一四八七～一五〇五年）、正徳帝《せいとくてい》（在位一五〇五～一五二一年）を過ぎて、嘉靖帝《かせいてい》（在位一五二一～一五六六年）のときには、モンゴルのアルタン・ハーンの侵入を防ぐために、長城の東方一帯が建設されて、現在のような雄大なものになったのである。

明朝はその最初から北元と対立し、代々交戦をくりかえしていたが、隆慶帝《りゅうけいてい》（在位一五六六～一五七二年）のときにいたって、一五七〇年、アルタン・ハーンの孫のバーハン・エジが大同に投降して、それを機ににわかに和議が成り、翌一五七一年、アルタン・ハーンが順義王《じゅんぎおう》に封ぜられ、その他の首領もそれぞれ封号を受けて、賞を得ることになった。この講和のおかげで、明朝は防衛費の大幅削減に成功し、国境貿易は繁栄した。

倭寇と秀吉の朝鮮侵攻

万暦帝《ばんれきてい》（在位一五七二～一六二〇年）の一五九二年、豊臣秀吉《とよとみひでよし》の日本軍が、突如、朝鮮国に侵入し、前後七年にわたって全土を荒らした（文禄・慶長の役）。この日本軍は一五九八年、豊臣秀吉が死ぬとただちに撤退したが、朝鮮救援に派遣された遼東鎮の明軍は、朝鮮人に対して暴行をくりかえし、朝鮮は全国が荒廃した。

そもそも日本は、七世紀の建国以来、朝鮮半島に対しても、中国に対しても、鎖国政策をとり、遣隋使や遣唐使を派遣した際にも、国書を持たせていない。正式な交渉はいっさいしなかったのである。それがモンゴル側からおこった一二七四年（文永の役）および一二八一年（弘安の役）の二回の戦争を経て、一三五〇年の春、日本の海賊（前期倭寇《わこう》）が朝鮮半島を襲い、それ以来、猛烈な災禍がくりかえされたが、一三九二年の朝鮮の太祖王《たいそおう》（李成桂）の革命と、ほぼ同時の足利義満《あしかがよしみつ》の日本統一以来、やがて鎮静にむかった。

一五一一年、ポルトガル人がマラッカ王国を占領し、東アジアへ進出してきた。ついで一五一七年には、ポルトガル船が広州港にあらわれ、明朝に対して通商貿易を求めた。明朝はこれを拒否したが、ポルトガル船は浙江省の双嶼《そうしょ》や福建省の月港《げっこう》などで、中国人の同類とともに密貿易をつづけた。

一五四七年、明の嘉靖帝は、右副都御史の朱紈《しゅがん》をして浙江を巡撫《じゅんぶ》せしめ、密貿易を取り締まらせた。朱紈は翌一五四八年、双嶼を攻めてこれに勝ち、その港口をふさいだので、闇収入の道を絶たれた官僚や在郷の紳士たちの恨みを買って、けっきょく一五四九年、朱紈は自殺した。

この後に日本の海賊（後期倭寇）の親玉になったのは、王直《おうちょく》であった。王直はもと塩商人で、一五五二年、江蘇省・浙江省の沿海を襲撃して大きな被害を与えた。これは倭寇とはいうものの、実は中国人が主体で、日本人はわずかだった。王直は日本の長崎県の五島《ごとう》列島の平戸《ひらど》に根拠地をおき、中国の東南部の海岸に猛威をふるった。明の嘉靖帝は兵部《へいぶ》右侍郎《じろう》の胡宗憲《こそうけん》を起用して王直を討たせ、これが功を奏して、一五五七年、王直は明に降り、一五五九年、殺された。その後、僉浙江都司《せんせっこうとし》・参将《さんしょう》の戚継光《せきけいこう》が、一五六三年、福建省の平海衛《へいかいえい》（莆田《ほでん》県）で大いに海賊を破り、これから倭寇の被害はようやく少なくなった。中国では、先に述べた明朝に対するモンゴルの攻勢を、北の蛮人の意で「北虜」と呼び、また東南沿岸に侵攻した倭寇を「南倭」と称する。その後の一五九二年、豊臣秀吉の日本軍の朝鮮侵入があるのである。

八　満洲の勃興

一方、北元のほうでは、フビライ家に対抗する遊牧連合のオイラトが、長いあいだモンゴル高原の実権をにぎっていたが、一四八七年、「大元皇帝」という意味のダヤン・ハーンが即位すると（在位一四八七〜一五二四年）、そのもとに集まった遊牧民が、新しいモンゴル人となった。ダヤン・ハーンは、支配下に結集した遊牧部族を「万人隊」（トゥメン）に再編成し、ゴビ砂漠の東北の「左翼」と、ゴビ砂漠の西南の「右翼」に分け、十一人の息子たちをこれらの大部族に入り婿として送り込んだ。息子たちが婿入り先の娘と結婚して生まれた子孫は、その部族の新しい領主の家柄になった。

左翼のチャハル部がモンゴル諸部の宗主の地位にあり、同じ左翼のハルハ部は、いまのモンゴル国の領土に広がった。右翼のオルドス部は、チンギス・ハーンの霊を祀った八白室を携えて、黄河の湾曲部に移住した。ダヤン・ハーンの子孫が増えていくなかで、右翼のトゥメト部長アルタン・ハーンは、本家チャハル部のハーンを東方に追いやり、実力でモンゴル第二のハーンとなった。かれは一五七一年、明朝の隆慶帝と平和条約を結び、馬市貿易で富を築き、一五七八年、チベット第一の高徳の僧であった、ゲルク派のデプン寺の座主ソェナムギャツォと青海で会見して、かれにダライ・ラマの称号を贈った。

明朝経済とヌルハチの勢力

さて北元の本家であるチャハル部族では、一六〇三年にリンダン・フトゥクト・ハーンが即位した。

このころすでに遼河の東方では、女直の王ヌルハチ（のちに清の太祖皇帝と呼ばれる。在位一六一六〜一六二六年）の勢力が強くなってきていた。ヌルハチは女直人の建州《けんしゅう》という部族の出身だった。

女直人は十二世紀に金帝国を建て、十三世紀にモンゴル帝国に滅ぼされたが、金の後裔の女直人たちは故郷の満洲北部に生き残って、明朝の時代には海西《かいせい》女直と呼ばれた。いまの黒龍江《こくりゅうこう》省のハルビン市のあたりが海西女直の中心地だったので、ハルビン市の対岸で北から松花江《しょうかこう》に流れこむ呼蘭《フラン》河の名前にちなんで、満洲語では「フルン」と呼ぶ。

これとは別に、同じ黒龍江省でももっと東寄りの、依蘭《イラン》県のあたりを中心とする女直人の部族があって、明朝の時代には建州女直と呼ばれ、満洲語では「マンジュ」と呼ばれた。このマンジュが「満洲」の語源である。

ヌルハチは一五五九年、今の遼寧省の東の端の、朝鮮国境に近い建州女直の地に生まれ、十歳のときに母をなくした。継母と折り合いが悪かったので、十九歳のときに家を出て、佟氏《とうし》の入り婿になった。ヌルハチはこうしたぱっとしない立場から身をおこして、女直人の諸部族をほとんどすべて統合した。

ヌルハチが急激に強大な勢力に成長できたのには、当時の明朝の高度経済成長が幸いしていた。

明朝に先立つ元朝では、長距離貿易の決済のために、軽い通貨が必要になり、世祖フビライ・セチェン・ハーンが一二六〇年、「中統元宝交鈔《ちゅうとうげんぽうこうしょう》」という紙幣を発行して、しばらく安定した。しかし一二七六年の南宋の平定後、中統鈔の発行額がふくれあがって銀準備が不足し、インフレーションになったので、一二八七年、新たに「至元通行宝鈔《しげんつうこうほうしょう》」を発行するとともに、金・銀との兌換《だかん》を禁止した。これ以後、この世界初の不換紙幣は安定して流通したが、武宗ハイシャン・クルク・ハーンが立つと、一転して放漫政策をとり、巨額の紙幣を放出したので、ふたたび激しいインフレーションになり、その対策として一三〇九年「至大銀鈔《しだいぎんしょう》」を発行した。しかしこれも効果がなく、中統鈔・至元鈔のみ発行をつづけざるを得なかった。明朝の財政は、初期の洪武帝の「大明宝鈔《だいみんほうしょう》」が、元朝のまねをして不換紙幣であったので、永楽帝の末期には信用を失って価値が極端に下落し、元朝のときのような好景気には二度とならなかった。

ところが隆慶帝の末年の一五七一年、メキシコから太平洋を渡ってきたスペイン人が、フィリピンにマニラ市を建設してから、メキシコ産の銀が中国に大量に流れこみはじめたので、そのおかげで中国では、空前の消費ブームが巻きおこった。この明朝経済の高度成長が、大きな国際関係の変化の原因になるのである。

その結果、女直人たちが住んでいる森林地帯の特産品である高麗人参と毛皮の需要が高まり、この一五七一年に十三歳だったヌルハチたちも、富を蓄積して力をつけることができたのである。

戦争をつづける明の事情

ヌルハチは遼河デルタに駐屯する明軍の司令官と結託して、もうけの一部を上納して、見返りに保護を受けていたが、その司令官が一六〇八年に失脚した。これで風向きが変わって、明の政策がヌルハチに不利になったので、ヌルハチは一六一六年、五十八歳でハーンの位について、国号を後金国《こうきん》、満洲語で「アマガ・アイシン・グルン」(Amaga Aisin Gurun)と称して独立し、やがて一六二一年、明に正式に宣戦して、遼河デルタの明朝の飛び地を占領して、この地域の高麗人の子孫の中国人を支配下に入れた。そして一六二五年には、瀋陽《しんよう》(遼寧省の瀋陽市)に都を建てた。

それでもヌルハチの真意は、なんとか明の皇帝と話をつけて、独立国の君主と認められ、平和的な貿易を再開したいということだった。しかし明の朝廷では、主戦論ばかりが幅をきかせ、東北のこしゃくな夷狄など、帝国の全力をあげて粉砕してしまえという意見ばかりだった。

中国のどの時代にもいえることだが、中国でいちばん金をもっているのは皇帝であり、戦争や外交などの臨時の費用は、皇帝のポケットマネーから出ることになっていた。朝廷の大臣たちの立場からいえば、戦争のときには、皇帝から軍事費を請求できるし、戦果があがれば、その作戦を主唱した大臣たちは恩賞にあずかれるし、前線の将軍たちもそれぞれ昇級する。戦争がつづけば、得をする者ばかりである。そうした事情があるので、明朝はいつまでも講和に踏み切れなかった。

一六二〇年、明の万暦帝が死んだ。皇太子常洛《じょうらく》が位を継いだが、一ヵ月で死んだ。これが泰昌帝《たいしょうてい》である。その皇太子由校《ゆうこう》があとを継いだ。これが天啓帝《てんけいてい》(在位一六二〇～一六二七年)である。

その間にも、ずるずると戦争がつづいているうちに、ヌルハチは一六二六年、六十八歳で死んだ。ヌルハチの八男のホンタイジ(清の太宗崇徳帝《すうとくてい》、在位一六二六～一六四三年)が三十五歳で即位して、二代目の後金国ハーンになった。

ホンタイジの戦略転換

明のほうでは、一六二七年に天啓帝が死んで、弟の信王由検《しんおうゆうけん》が位を継いだ。これが崇禎帝《すうていてい》(在位一六二七～一六四四年)である。

後金のほうでは、父ヌルハチが生前、山海関方面で明軍と対陣していてらちが明かなかったので、ホンタイジは戦略を転換して、西方のモンゴル高原回りで明に働きかけることにした。当時、後金の都の瀋陽から西に遼河を渡った、今の内モンゴル自治区の赤峰市のあたりには、北元の宗主のリンダン・フトゥクト・ハーンのチャハル部族が遊牧していた。ホンタイジの後金軍の攻撃を受けて、一六二八年、リンダン・ハーンは大興安嶺《だいこうあんれい》山脈を越えて西方に移動を開始し、ゴビ砂漠の南のハラチン・ハーン家とトゥメト・ハーン家を撃滅し、オルドス晋王家を服従させた。当時ゴビ砂漠の北のハルハ部族でもっとも強力であったチョクト・ホンタイジもリンダン・ハーンに協力したので、チャハル・ハーン家の勢力は一時モンゴル高原を席巻した。

しかしリンダン・ハーンの覇業は長くはつづかなかった。一六三四年、リンダン・ハーンはチベット遠征に出発し、青海に入ろうとしたが、その途中、甘粛の武威の草原で病死した。こうしてモンゴル高原が力の真空状態になったところへ、東方からホンタイジの軍が進出して、ゴビ砂漠の南を制圧した。

リンダン・ハーンの遺児エジェイは、母のスタイ太后とともに後金軍に降伏して、一六三五年、瀋陽のホンタイジのもとに連れて来られた。ホンタイジはエジェイを優遇して、自分の次女マカタ・ゲゲと結婚させ、親王の爵位を与えて、部下のチャハル部族とともに遼河の上流域の牧地に居らせた。

女直から満洲へ

このとき後金軍の将軍たちは、スタイ太后から、「制誥之宝《せいこうしほう》」の四字を刻んだ一つの玉璽を手に入れた。説明によると、これは昔の代々の皇帝たちが使ったもので、モンゴルの元朝が手に入れて使っていたが、トゴン・テムル・ハーンが中国を失って、大都を脱出するときにもこの玉璽を持って行った。ところがハーンが応昌府で死んだ後、この玉璽は行方知れずになった。それから二百年余りたってから、あるモンゴル人が崖の下で家畜の番をしていたところ、一頭の山羊が三日間草を食べずに地面を掘るのを見て、その人が山羊が掘ったところを掘り返してみると、玉璽が出てきた。それからその玉璽は、元朝の後裔のトゥメトのボショクト・ハーンのもとにあった。ボショクト・ハーンは、同じく元朝の後裔のチャハルのリンダン・ハーンに滅ぼされて、玉璽もリンダン・ハーンの手に入った。そういうわけで、この玉璽は、リンダン・ハーンの未亡人のスタイ太后のもとにあったのである。

元朝のハーンたちの玉璽を手に入れたホンタイジは、これはチンギス・ハーンの受けた天命が、いまや自分にうつったしるしであると解釈した。同年、ホンタイジは、ジュシェン（女直）という種族名を禁止して、マンジュ（満洲）と呼ぶことに統一した。そして翌一六三六年、マンジュ人、ゴビ砂漠の南のモンゴル人、遼河デルタの高麗系中国人の代表たちの大会議を瀋陽に召集して、三つの種族の共通の皇帝に選挙され、新しい国号を「大《だい》清《しん》」（Daicing）とし、年号を「崇徳《すうとく》」（Wesihun Erdemungge）とした。これが清の太宗崇徳帝である。「大清」というのは、「大元」と同じく、「天」を意味する。これが清朝の建国であった。

ホンタイジには五人の皇后があったが、五人ともモンゴル人で、そのうち三人はホルチン部族の出身であり、残りの二人はリンダン・ハーンの未亡人であった。一六四三年のホンタイジの死後、あとを継いだのは、ホルチン人の皇后から生まれたフリン（福臨、清朝の世祖順治帝《じゅんちてい》、在位一六四三～一六六一年）であった。その翌年、明朝が亡びたので、清朝は瀋陽から北京に入った。こうしてマンジュ（満洲）人の清朝は、チンギス・ハーンの子孫にかわって中国を支配することになったのである。

第七章　大清帝国——中国史の第三期後期

一　明から清へ

明朝の自滅

明末、崇禎帝の一六二八年、陝西《せんせい》に大飢饉がおこり、飢民は反乱をおこして、府谷《ふこく》県（陝西省の神木《しんぼく》県の府谷鎮）の王嘉胤《おうかいん》を首領とした。やがて反乱は拡大し、高迎祥《こうげいしょう》、張献忠《ちょうけんちゅう》、馬守応《ばしゅおう》、羅如才《らじょさい》らがその部将になった。高迎祥は安塞《あんさい》（陝西省の安塞県）の人で、闖王《ちんおう》と称した。王嘉胤は一六三一年、殺されたが、その部下は山西《さんせい》省に走り、やがて山西省、河北《かほく》省、河南《かなん》省、陝西省、四川《しせん》省、安徽《あんき》省、湖北《こほく》省におよぶ大勢力となった。陝西省の米脂《べいし》県の李自成《りじせい》は駅卒を失業して、高迎祥の部下となっていた。一六三六年、高迎祥は捕えられ、北京に送られて斬られた。李自成はそのあとを継いで闖王となった。一六三八年、李自成は総督の洪承疇《こうしょうちゅう》らに潼関《どうかん》（陝西省の潼関県）で敗れて、河南省に走り、そこに潜伏した。一六四〇年の末、李自成の勢いは河南省でまた盛んになり、一六四一年、洛陽《らくよう》を陥れて福王朱常洵《ふくおうしゅじょうじゅん》を殺し、開封《かいほう》を攻略し、南下して一六四三年、湖北省の襄陽《じょうよう》（襄樊《じょうはん》市）に達し、さらに陝西省にもどって、西安《せいあん》を占領してこれを西京《せいけい》と改称し、国を大順《だいじゅん》と号した。一六四四年のはじめ、李自成は北京にむかい、山西省の太原《たいげん》、大同《だいどう》、宣府《せんぷ》（河北省の宣化《せんか》）、居庸関《きょようかん》を経て、四月二十三日、北京に迫った。二十四日、崇禎帝は宮廷の裏の万歳山《ばんざいざん》の寿皇亭《じゅこうてい》に逃れて、翌二十五日のしらじら明けに、絹をもってみずから縊《くび》れた。こうして明朝は朱元璋《しゅげんしょう》が南京《ナンキン》で帝位についてから、二百七十六年で滅びた。これをもって中国史の第三期は、前期を終わって後期がはじまる。

このとき、呉三桂《ごさんけい》という明の将軍は、山海関《さんかいかん》に駐屯して、清軍に対する防衛に当たっていた。北京で皇帝がいなくなり、自分は反乱軍と清軍のあいだに孤立してしまったので、呉三桂は、清朝の都の瀋陽に使いを送り、いままで敵だった満洲人に同盟を申し入れた。

清朝側の実権を握っていたのは、ヌルハチの十四男で、順治帝《じゅんちてい》の叔父に当たるドルゴンという皇族の傑物で、まだ子どもの順治帝の後見人をつとめていた。ドルゴンは、ただちに呉三桂の提案を受け入れ、清の全軍をあげて山海関に進撃した。

北京を占領していた李自成は、二十万の兵を率いて山海関に押し寄せたが、呉三桂軍と清軍の連合軍に大敗した。李自成は北京に逃げ帰り、紫禁城《しきんじょう》の宮殿で即位して皇帝を名乗っておいてから、宮殿に火を放ち、掠奪した金銀を荷車に満載して、北京を脱出して西安にむかった。

ドルゴンが兵を率いて北京に入城した。明の朝廷の百官は一致して、ドルゴンに皇帝に

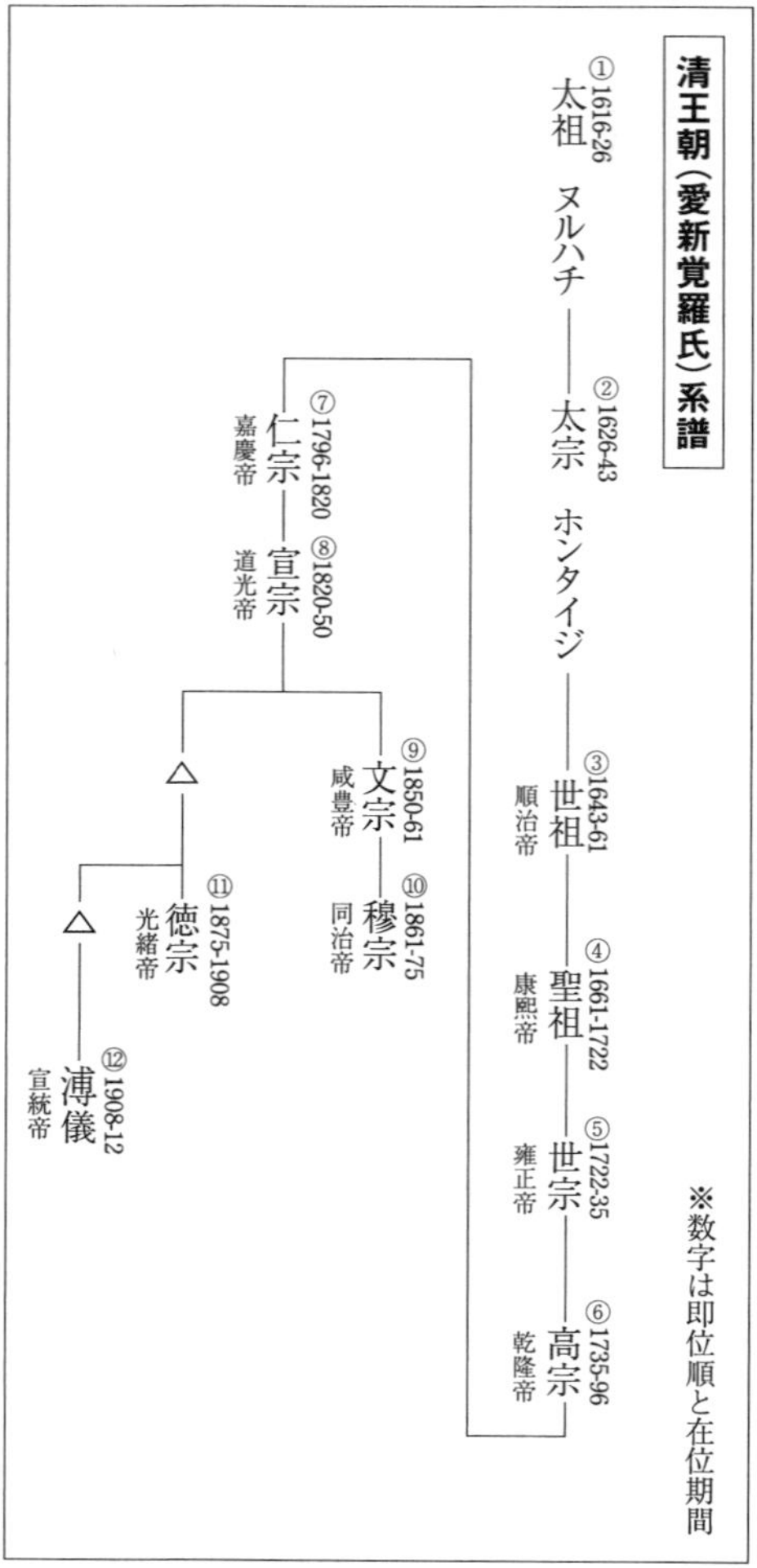

なってくれと懇願した。ドルゴンは笑って、
「おれは皇帝ではない。ほんものの皇帝はあとから来る」
と言い、瀋陽から順治帝を迎えてきて紫禁城の玉座につけた。こうして清朝の建国から八年で、明朝はかってに自分でほろび、中国の支配権が清朝のふところに転がりこんできたのである。

清朝の実権がおよぶ範囲

順治帝が北京の玉座にあったころの中国は、決して平穏ではなかった。北京は満洲人が占領したが、華中・華南の各地には、まだ明朝の残党がいて、清朝の支配に抵抗をつづけていた。これらを平定したのは、主として呉三桂ら、明から投降した漢人の将軍たちの力だった。

華南の地には、三人の漢人の将軍たちが、自分たちの子飼いの軍隊を率いて駐屯していた。雲南《うんなん》省には平西王《へいせいおう》の呉三桂、広東《カントン》省には平南王《へいなんおう》の尚可喜《しょうかき》、福建《ふっけん》省には靖南王《せいなんおう》の耿継茂《こうけいぼ》がいて、これを「三藩《さんぱん》」といった。「藩」とは垣根という意味で、北京の清朝皇帝を守る垣根というわけである。

この漢人の将軍たちは、清朝が中国に入った当初、明朝の残党の討伐、平定に当たった人たちで、その後も、台湾に亡命して清朝に抵抗をつづける鄭成功《ていせいこう》、いわゆる国姓爺《こくせんや》などに対する防衛を担当していた。言い換えれば、三藩はほとんど独立王国で、清朝の実権は、首都の北京に近い地方にしかおよんでいなかった。

ただし河北省は、もともと明の皇帝の直轄領だったため、北京に入った清朝の満洲人たちは、それぞれ荘園を分捕って私領にした。こうして河北省は、満洲人の入植地帯となった。

北京には、もとは二重の城壁があった。中華人民共和国になってから、城壁はすべて取り払われて、幅の広い道路になったが、その内側は、もとの城内で、だいたい天壇《てんだん》公園から北が外城《がいじょう》、北京中央駅の線から北が内城《ないじょう》と呼ばれた。内城のまんなかに、紫禁城が南北に伸びている。いまはあとかたもないけれども、紫禁城の周囲には、もとは皇城《こうじょう》という紅い色の城壁があった。紫禁城には皇帝の一家が住む宮殿群があり、皇城には皇帝の使用人たちが住んでいた。いま中国共産党の高級幹部が住んでいる中南海《ちゅうなんかい》も、皇城の一部だった。

満洲人の部族組織「八旗」

北京の外城は、漢人の居住区域だった。それに対して、北側の内城には、満洲人たちが住んでいた。内城の市街は、紫禁城・皇城で東西にわかれ、東西の市街はそれぞれ四つずつの区画に仕切られて、それらの区画は、それぞれ満洲人の「八旗《はっき》」の一つの兵営になっていた。

八旗というのは、満洲人の部族組織である。部族には、それぞれ軍旗があった。軍旗の

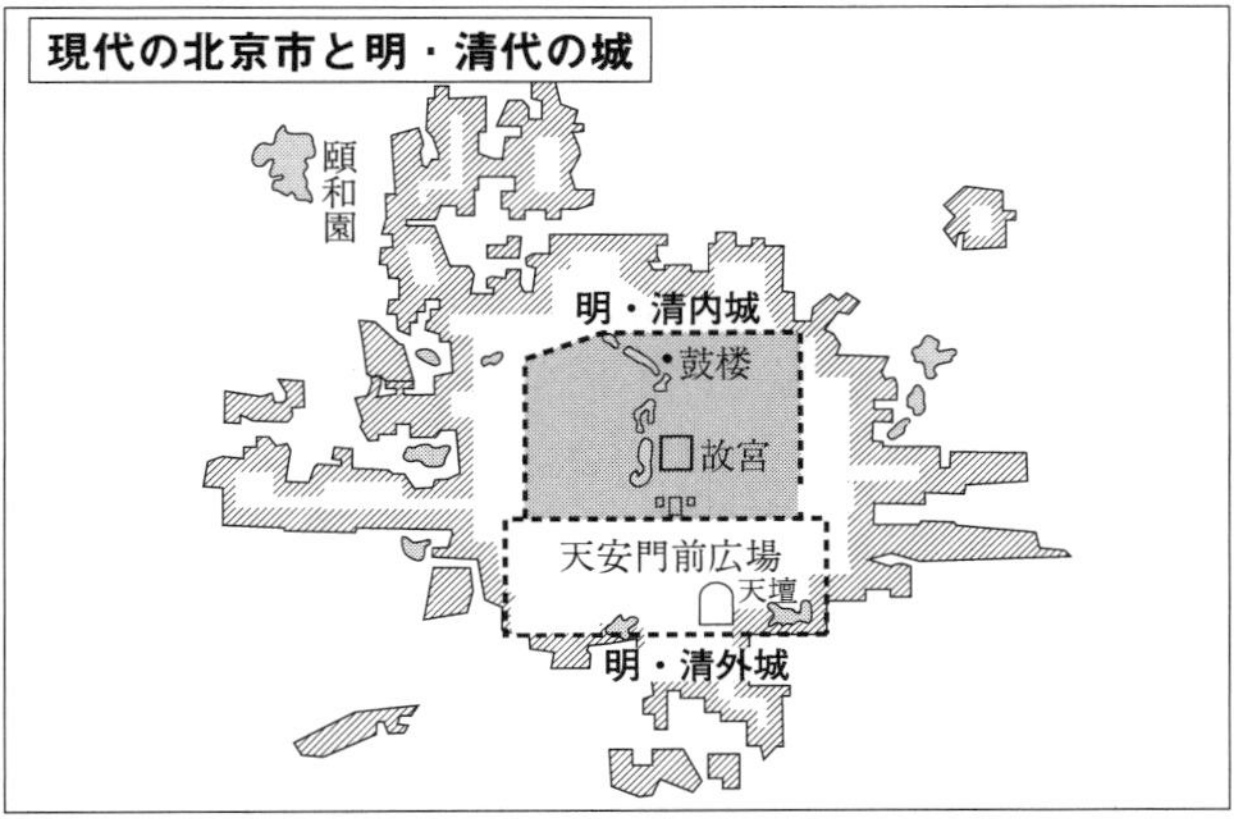
現代の北京市と明・清代の城
頤和園
明・清内城
鼓楼
故宮
天安門前広場
天壇
明・清外城

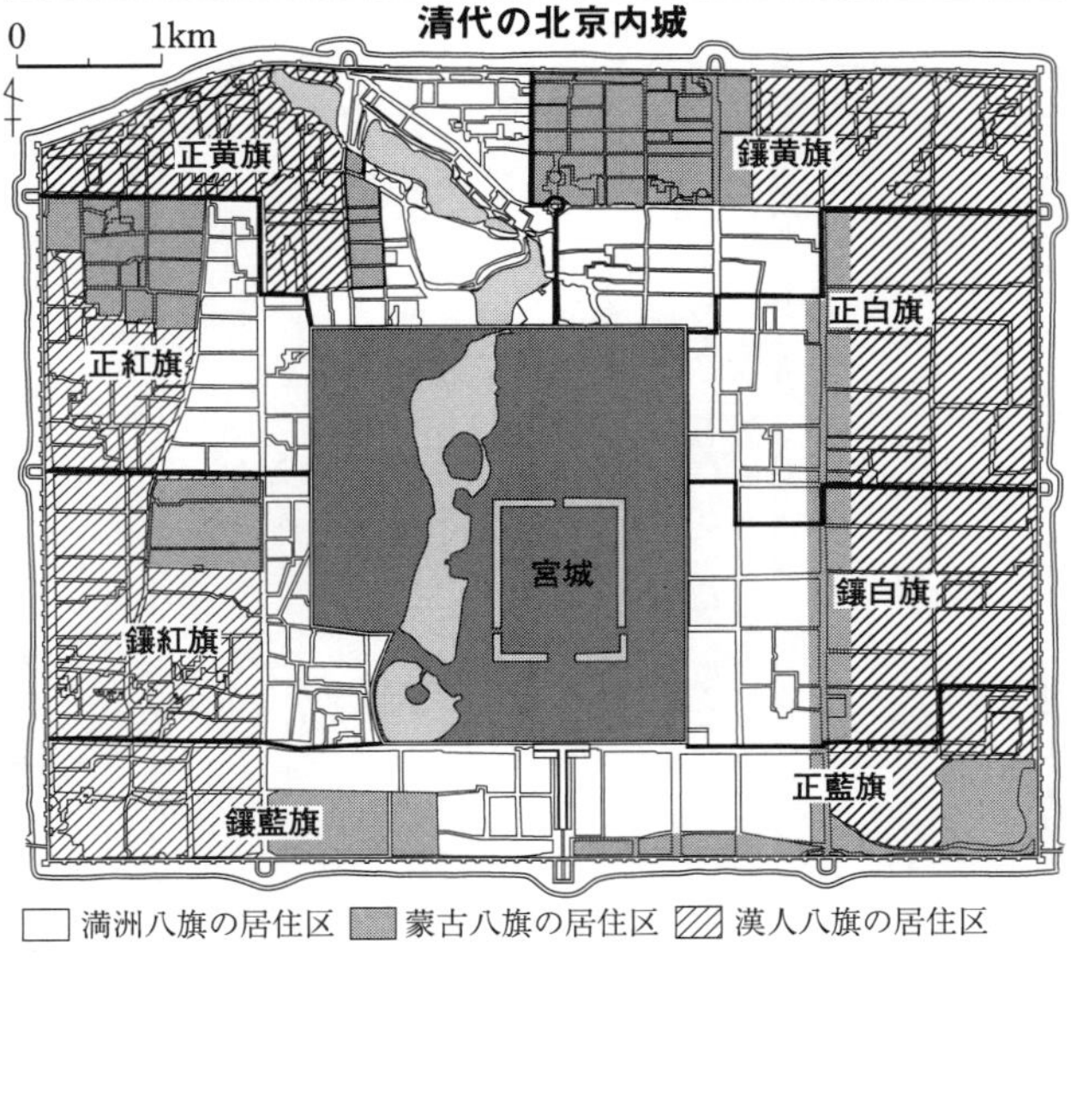
清代の北京内城
0
1km
正黄旗
鑲黄旗
正白旗
正紅旗
宮城
鑲白旗
鑲紅旗
正藍旗
鑲藍旗
満洲八旗の居住区
蒙古八旗の居住区
漢人八旗の居住区

色は、黄色、白色、紅色、藍色の四色で、これに縁取りのあるもの（鑲）と、縁取りのないもの（正）の区別があって、すべて八種類の軍旗になる。部族の名前は、その軍旗の色で呼ばれたので、八部族を八旗というのである。およそ満洲人なら、八旗のどれかに属していた。満洲人のほかにも、満洲化したモンゴル人・漢人・朝鮮人・ロシア人なども八旗に組みこまれて、満洲人としてあつかわれた。そういうわけで、満洲人と、八旗に編入されたほかの種族の人びとは、「旗人《きじん》」と総称された。

八旗のうち、三旗は清朝皇帝の私的な領民だったが、他の五旗には、それぞれ皇族の領主があって、皇帝でさえ、その内政には口出しできなかった。こういうところは、モンゴルなど遊牧帝国のハーンと、連合部族の関係によく似ている。

順治帝を北京の玉座に坐らせた功労者のドルゴンは、一六五〇年に死んだ。もう十三歳になっていた順治帝は、翌年から自分で政務にたずさわることになった。皇族出身の後見人がいなくなったので、それからは皇帝の側近の内大臣たちが実権をもつようになる。内大臣というのは、宮中の雑用をつとめる満洲人貴族たちのことである。

一六六一年、順治帝は天然痘にかかった。臨終の枕元に八歳の三男・玄燁《げんよう》を呼び寄せて、皇太子に指名して、二月五日に死んだ。二十四歳の若さだった。

皇太子・玄燁が即位した。これが清の聖祖康熙帝《こうきてい》（在位一六六一～一七二二年）である。まだ幼い康熙帝を補佐したのは、順治帝の腹心の四人の内大臣、ソニン、スクサハ、エビルン、オボーイであった。

康熙帝のクーデター

即位した当初、康熙帝はまだ若かったので、補佐の内大臣が決めた案件に署名するだけだった。この間、四人の内大臣たちは地方の有力者たち、ことに三藩の漢人の王たちと結びついて、大きな権力をふるっていた。

一六六七年、康熙帝が十四歳のとき、ソニンが死んだ。スクサハはオボーイに追いつめられ、辞表を提出した。そのなかに、

「わたくしが先帝（順治帝）の御陵をお守りにいくことをお許しいただければ、わたくしの糸のような残りの命も、もって生存することができるでしょう」

という文句があった。

康熙帝はその辞表を読んで、

「いったいどんな切迫した事情があって、ここ（朝廷）では生きられず、御陵を守れば生きられるというのか」

と怪しんだ。オボーイは、これはスクサハが、康熙帝に仕えるのをいさぎよしとしない

のだ、と理屈をつけて、二十四箇条の罪状をでっちあげ、スクサハ自身とその一族全員を死刑にする許可を康熙帝に強要した。康熙帝は抵抗したが、オボーイは腕まくりをして、大声でどなりつけ、むりやりに死刑執行の命令書に署名させた。その結果、スクサハ自身と七人の子、一人の孫、二人の甥、および一族の二人は、すべて死刑になった。

康熙帝

こうして皇帝の補佐人はオボーイとエビルンの二人だけになった。オボーイが独裁的な権力を握り、エビルンはこれに追随するだけだった。

康熙帝は、オボーイの横暴を我慢しながら、モンゴル相撲に興じるふりをして、自分のまわりに腕っ節の強い青年たちを集めた。そして一六六九年五月十四日、オボーイが参内したとき、康熙帝がちょっと目くばせをすると、侍従たちがオボーイにおどりかかって組み伏せ、縛り上げてしまった。それから康熙帝は、満洲人の貴族たちと百官を集めて堂々たる大演説をうった。その演説を満洲語で筆記したものが、いまも残っている。ただちにオボーイの罪状三十箇条が公表され、オボーイは投獄されて死に、エビルンは追放された。

こうして十六歳の少年皇帝は、じゃまものの内大臣たちを片づけて、自分が独自の意志をもった主権者であることを、はじめて天下に宣言したのである。

しかし、このクーデターが引き金となって、四年後、「三藩の乱」という大規模な反乱がおこった。

中国全土支配の確立

三藩は、例の平西王呉三桂、平南王尚可喜、靖南王耿継茂だが、このころ耿継茂は死んで、その長男耿精忠《こうせいちゅう》の代になっていた。

もともと三藩は、康熙帝を補佐する四人の内大臣と結託して、権勢を振るっていたのだが、その四人の内大臣が、康熙帝のクーデターで一挙に姿を消したのだから、かれらは北京の宮廷における保護者を失ったわけで、不安を感じるのは当然だった。

三藩が反乱をおこしたきっかけは、一六七三年、広東の尚可喜が、長男の尚之信《しょうししん》と仲が悪いという理由で、故郷の海州《かいしゅう》（遼寧《りょうねい》省の海城《かいじょう》県）に帰って隠居したい、と康熙帝に申し出たことだった。康熙帝は、待ってましたとばかり、尚可喜のその申し出を許可した。このとき雲南の呉三桂と福建の耿精忠も、立場上やむを得ず、わたくしどもも隠退を許されたい、と申し出た。もちろん慰留を期待してのことである。

ところが康熙帝は、平然としてかれらの申し出を受け入れ、一刻も早く撤退してこい、とせきたてた。

康熙帝の意外な反応に、三藩の王たちは窮地におちいり、呉三桂と耿精忠は準備不足のまま、反乱に踏み切ることになった。尚可喜だけは反乱に加わらなかったが、華南・華中は戦火のちまたとなり、西北の陝西省まで波及した。この情勢に、満洲人の大臣、将軍たちはだらしがなく、皇帝軍はいたるところで敗戦した。

二十歳になったばかりの康熙帝は、この困難な状況のもとで、戦略家としての天才を発揮した。臆病な皇族の将軍たちの尻をたたき、漢人の有能な指揮官たちを引き立てて、要領よく兵力を配分し、兵站《へいたん》線を確保して、敵を長江の線で食い止め、まず陝西省の反乱を片づけ、つぎに耿精忠を降伏させて福建省を取り返した。呉三桂は情勢が思わしくないので、破れかぶれで一六七八年、湖南省の前線で即位式をあげて皇帝と名乗ったが、その直後に死んだ。孫の呉世璠《ごせいはん》があとを継いだが、一六八一年になると、清軍が昆明《こんめい》を包囲して、呉世璠は自殺し、八年間の長い内戦はやっと終わった。

こうして康熙帝は、二十八歳で中国全土を支配下におさめたのである。

二　清朝の領土拡大——モンゴル

ネルチンスク条約

三藩の乱が片づいたので、康熙帝は、懸案のロシア人対策に着手することができた。これより先、ロシアのコサック人のイェルマクは、イヴァン四世から死刑を宣告されて、ウラル山中に逃げこみ、そこでシベリアの富の話を聞いて遠征を計画し、一五八一年、タタル人のイスケルという町を占領した。この町はシビリともいい、これからシベリアの名が出た。いまのトボリスクの近くである。

イェルマクはその後まもなく、タタル人の反撃にあって殺されたが、コサック人たちは、それからもシベリアの川づたいに東へ東へと進み、一六四三年、清の太宗崇徳帝が死んだ年には、すでにアムール河（黒龍江《こくりゅうこう》）に姿をあらわした。清軍の討伐を受けて、一度は姿を消したが、康熙帝の時代になると、ふたたびアムール河に進出してきた。放っておくと、満洲人の故郷の地がロシアにおびやかされることになる。

一六八五年、康熙帝は、ロシア人問題の解決をはかり、朝鮮から小銃隊を徴発した。朝

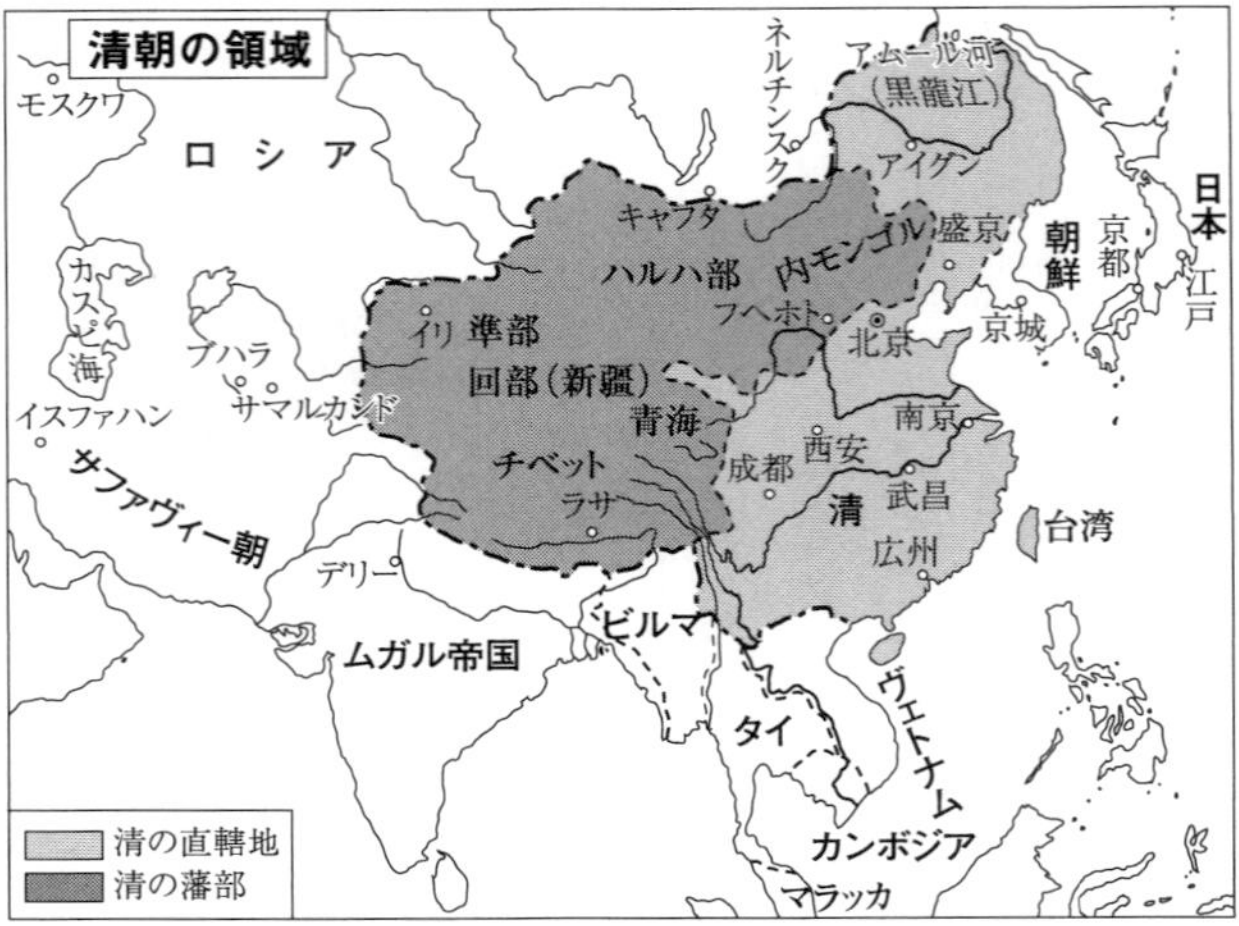

鮮軍は清軍とともに、アムール河の上流まで遠征した。そして、ロシア人の前線基地であるアルバジンという要塞を攻め落とした。いまでもアルバジノという地名がこの辺に残っている。

康熙帝は、戦争と並行して、外交交渉を行なった。その結果、一六八九年には、ロシアのツァーリ・ピョートル一世とのあいだに、ネルチンスク条約の締結にこぎつけた。ネルチンスクは、アムール河の支流シルカ河の分流ネルチャ河に臨む町で、チタの町の東方にある。

この条約によって、ヤブロノヴィ山脈から東は清朝の勢力圏、西はロシアの勢力圏ときまり、ロシア人はアムール河本流の渓谷から閉め出された。

オイラトのガルダン

ロシアの東方進出を食い止めたあと、康熙帝は、六十一年の治世のなかの最大の事件に出逢う。ガルダンとの戦争である。

ガルダン・ボショクト・ハーンは、オイラトのジューンガル部族長だった。オイラトは一時、北アジア・中央アジアに大遊牧帝国を築いたが、十五世紀の半ばの一四五四年、エセン・ハーンが殺されるとともに崩壊した。十六世紀になって、モンゴル高原でフビライ家が復興してから、モンゴル人の攻撃を受けて、オイラト人はモンゴル高原から西へ西へと追いやられた。

しかし十七世紀に入って、形勢が逆転した。そのころまでオイラト人は、モンゴルのハルハ部族の支配下にあった。ハルハというのは、現在のモンゴル国民の大多数を占めている人びとである。一六二三年、オイラトの連合軍は、自分たちを支配していたハルハ・モンゴル人のハーンを破って殺し、独立を達成した。この勝利で、オイラト人はふたたび優勢になった。オイラトのホシュート部族は、チベットと青海省を征服した。トルグート部族は、ヴォルガ河に移住して、北コーカサス、ウクライナ、ロシアに対して猛威をふるった。ジューンガル部族は、新疆《しんきょう》ウイグル自治区のイリ河の渓谷に本拠をおいて、タリム盆地のトルコ語を話すイスラム教徒の町々や、カザフスタンや、キルギズスタンを制圧した。

ガルダンは、そのジューンガル部族長の息子に、一六四四年に生まれた。生まれてまもなく、ダライ・ラマの宗派であるチベット仏教のゲルク派の高僧、ウェンサ寺の座主の生まれ変わりだ、ということが発見された。

その後、ガルダンは十三歳のとき、チベットに留学に行き、最初は西チベットのシガツェにあるタシルンポ寺で、第一世パンチェン・ラマについて学んだが、パンチェン・ラマが九十二歳の高齢で死んだので、中央チベットのラサへ移って、第五世ダライ・ラマに師事した。ダライ・ラマは、野心の強い政治家でもあった。この人はガルダンを非常にかわいがり、ガルダンを使って、康熙帝に対抗させ、アジアに大仏教帝国をつくる野望をもっていた。

ガルダンは十年のチベット留学から、故郷のジューンガル部族に帰っていたが、一六七〇年、部族長だった兄が暗殺されると、後を継いで部族長となった。

モンゴルの内紛

ゴビ砂漠の北では、ハルハ部族が独立を保っていたが、このころになって内紛がおきた。そのハルハ部族の西の右翼と東の左翼とのあいだで、家畜や人民の奪い合いがおこり、いつまでもごたごたがつづいた。

康熙帝は、その内紛を仲裁するために、チベット仏教ゲルク派の大本山、ガンデン寺の座主をわざわざモンゴルに招き、自分の代表と一緒に、一六八六年、ハンガイ山脈の南のバイダラク河のほとりのクレーン・ベルチルの地で大会議を開いた。その会議にハルハ部族から出席した人びとのなかに、第一世ジェブツンダンバという僧侶がいた、これはハルハ左翼のハーンの弟だったが、この人は生まれてすぐ、チベット仏教サキャ派の分派のチョナン派の高僧ターラナータの生まれ変わりと認定されていた。チョナン派は、ゲルク派の仇敵だった。

ジェブツンダンバは、このクレーン・ベルチルの講和会議で、ダライ・ラマの代表であるガンデン寺の座主と対等にふるまい、同じ高さの座を占めた。ガルダンにしてみれば、これは自分の師である第五世ダライ・ラマに対する侮辱だった。しかも皮肉なことに、ジエブツンダンバが五歳で比丘戒《びくかい》を受けたときに、戒を授けた師僧は、初代ウェンサ・トゥルク、つまりガルダン自身の前世だった。

和約はすぐに破れ、戦争がおこって、ガルダンの弟がハルハ左翼に殺された。

一六八八年の春、復讐を求めるガルダンは、三万のオイラト軍を率いて、西方からハンガイ山脈を越えて、北モンゴルのハルハ部族の地に進攻した。

ガルダン軍はまず、オルホン河の上流、タミル河のほとりで、ハルハ左翼軍と戦って大勝利をおさめた。ついでガルダン軍の一部隊は、むかしのカラコルムにある、ジェブツンダンバの寺であるエルデニ・ジョー寺を焼いた。ジェブツンダンバはゴビ砂漠を越えて南へ逃げ、南モンゴルの地に入って、清の康熙帝の保護を求めた。

清朝の軍事介入

ガルダンは本隊を率いてさらに東方にむかい、ケルレン河まで行って引き返して、オロゴイ・ノール湖のほとりで、ハルハ軍と三日間の大決戦を交え、これを粉砕した。ハルハの領主たち、庶民たちは雪崩《なだれ》を打って、ゴビ砂漠を越えて南モンゴルの地へのがれた。

康熙帝は当初、このモンゴルの内紛に介入する気はなかった。しかしハルハ人たちから助けを求められたので、穀物を運び、家畜を与えるなどして、救済に手をつくした。そのとき清領に避難してきたモンゴル人は二十万人といわれる。

一六九〇年、ガルダンは北モンゴルの東部から軍を率いて、南モンゴルの赤峰市のあたりのウラーン・ブトゥンの地まで南下し、康熙帝にむかってジェブツンダンバを引き渡せと迫った。康熙帝は、大軍を送ってこれを迎え撃った。

ガルダン軍は、足を曲げて坐らせたラクダの背中に、濡らしたフェルトをかけて覆いとし、その蔭にかくれて、火縄銃の筒先をそろえて清軍を迎え撃った。康熙帝の叔父、内大臣佟国綱《とうこくこう》は、この戦争で額のまんなかを弾丸で撃ち抜かれて戦死した。ガルダン軍は悠々と北に引き揚げたが、清軍は大打撃を受け、追撃することができなかった。

ここでついに、康熙帝はガルダンとの対決を決意し、翌一六九一年、南モンゴルのドローン・ノール（内モンゴル自治区の多倫県）に、亡命ハルハ部族の領主たちを召集して、大会議を開催した。この大会議には、ジェブツンダンバをはじめ、亡命してきた北モンゴルのハーンたち、領主たち全員が出席し、康熙帝に跪《ひざまず》いて忠誠を誓った。これによって康熙帝は、ハルハ部族を自分の臣下として受け入れ、保護を加えるための公式の資格を獲得した。

いっぽうのガルダンの本拠地は、アルタイ山脈の東麓のホブドの地にあった。いまのモンゴル国のいちばん西の端で、北京からはあまりに遠い。とうてい作戦圏内に入らない。それで康熙帝はせっせと食糧を蓄積し、戦備を整え、敵が近づいてくるのを待った。

ジョーン・モドの戦い

五年後の一六九六年、いよいよ機は訪れた。ガルダンはモンゴル高原を東に進み、ケルレン河上流のバヤン・ウラーンに本営をおいた。

康熙帝はみずから遠征軍を率いて、ゴビ砂漠縦断作戦に出発した。全軍を東路軍、西路軍、中路軍にわけ、東路軍は瀋陽から出て、東回りでケルレン河にむかう。西路軍は陝西省から陰山《いんざん》山脈を越えて、西回りでトーラ河方面にむかう。皇帝自身が率いる中路軍は、北京を出発して、南モンゴルからゴビ砂漠のまんなかを突っ切り、バヤン・ウラーンのガルダンの本営を目指した。しかし東路軍は、進軍が間に合わなくて、途中で脱落した。

皇帝の中路軍は、二万七千人ほどいたが、夜明け前にキャンプを引き払って、行軍を開始する。昼になったらキャンプを張り、一日の最初で最後の食事をする。皇帝自身もそういう困難に耐えながらケルレン河に達したが、ガルダン軍はすでにケンテイ山脈を越えて、西方のトーラ河、いまのウラーンバートル市のほうへ逃走していた。

康熙帝は失望したが、ガルダンを追撃しようにも、皇帝軍の食糧は尽きかけていた。しかたなく、康熙帝が帰途について二日たったとき、西方から伝令の早馬が到着した。西路軍がガルダン軍のゆく手をさえぎって、テレルジに戦って大勝利をおさめたという。康熙帝は狂喜して、陣営のキャンプの門の前で、天にむかってぬかずいて、感謝の祈りをささげた。

一六九六年六月十二日、ガルダン軍が東方からトーラ河の南岸を進んでくると、南の山から突きだした丘の上に清軍が陣を張り、火縄銃の銃口をそろえて待ち構えていた。激しい戦闘が展開され、両軍とも馬から下りて小銃を撃ちあった。日が暮れて、暗くなってきたが、勝負はなかなかつかない。

清軍の将校が、ガルダン軍の後方に家畜の群を見つけ、別の部隊を派遣して、林のなかから家畜や婦女子らしい人馬を襲撃させた。動揺したガルダン軍に対して、山の上から清軍が突撃した。ガルダン軍は浮き足立って崖から転がり落ち、トーラ河の水面が死体で埋まった。ガルダンの妃アヌ・ダラ・ハトンは戦死し、ガルダンは夜の闇に紛れて西方へ逃げて、モンゴル・アルタイ山脈のなかに立てこもった。これが「ジョーン・モドの戦い」である。

ガルダンは、モンゴル・アルタイ山中をあてもなくさまよったのち、翌一六九七年四月四日に病死した。その死後、南モンゴルに避難していたハルハの領主たちと庶民たちは、北モンゴルの地の故郷に帰り、康熙帝の勢力はゴビ砂漠の北のハンガイ山脈におよぶことになった。

三　清朝の領土拡大——チベット

チベット仏教も影響下に

チベットの第五世ダライ・ラマは、すでに一六八二年に死んでいたが、その死は厳重な秘密になっていたので、忠実な弟子のガルダンでさえ、生前には師の死を知らなかった。摂政サンギェギャツォは、その間に先代の生まれ変わりを探しだし、ガルダンが清軍に敗れた翌年の一六九七年になって、ようやく五世の死を公表し、第六世ダライ・ラマを即位させた。

ところがこのダライ・ラマは、たいへん変わった人で、恋愛詩人として有名になった。それだけならよかったが、ダライ・ラマはますますエキセントリックになり、とうとう受戒を拒否し、僧籍を返上するところまでいった。しかし観世音菩薩《かんぜおんぼさつ》の生まれ変わりであることまでは、当人の意志では変えられない。チベット人もモンゴル人も、第六世ダライ・ラマの行跡がどんなに悪くなっても、信仰の対象であることには変わりはなかった。

青海省の草原には、オイラトのホシュート部族が遊牧していた。ホシュートの王ラサン・ハーンは、一七〇五年、ラサに入って摂政サンギェギャツォを殺し、北京の康熙帝にこのむねを報告して指示を求めた。康熙帝はラサン・ハーンを賞賛して、第六世ダライ・ラマを逮捕し北京に護送するよう命じた。

ラサの群衆は暴徒と化して、ダライ・ラマを奪い返した。ダライ・ラマは、罪もない人びとが巻き添えになるのを恐れ、みずから群衆のなかから脱出して逮捕された。それから北京に送られる途中、青海省のココ・ノール湖の南のクンガ・ノールで病死した。

康熙帝とラサン・ハーンは、別の僧侶を連れてきてラサに入れて、新しい第六世ダライ・ラマにしたが、だれも信用しなかった。それでチベットの情勢は不安定になった。

すでにガルダンの生前、ガルダンの兄センゲの息子ツェワンラブタンが、一六八九年、叔父から独立して、一六九一年までに、ガルダンの不在中の国内と東トルキスタンをほぼ制圧し、ジューンガル部族長となっていた。ツェワンラブタン・ホンタイジは、ラサの不安定な情勢を利用して、ホシュート部族からチベットを奪い取ろうと計画した。一七一七年、ジューンガル軍は、チャンタン高原の道なき道を突っ切ってテングリ・ノール（ナムツォ）湖畔にたどりつき、ラサを奇襲した。ラサン・ハーンは最後まで戦って殺された。

とうとう一七二〇年、康熙帝は、青海省のホシュート部族が支持していた第七世ダライ・ラマの公認に踏み切り、清軍をチベットに派遣して、第七世ダライ・ラマをラサに送りこんだ。ジューンガル軍は逃げ去った。こうしてチベットも、康熙帝の保護のもとに入り、清朝はチベット仏教の影響力を利用できることになった。

四　清朝の領土拡大——台湾

国姓爺・鄭成功

このころ台湾も、清朝の影響下に入ることになった。台湾がはじめて本格的に歴史に登場するのは、一六二四年、オランダがここに根拠地をおいてからである。この年、オランダ人は台湾島の南部の、いまの台南市の安平《アンピン》を占領した。この地の先住民がタイオワンという部族だったので、台湾の名がそれからおこった。オランダ人は安平にゼーランディア城を築き、また入り江の対岸の赤嵌《サッカム》にプロヴィンシア城を築いて、貿易の基地にした。

オランダ人と同様、台湾を貿易の基地にしようと計画していたスペイン人は、すこしおくれて台湾の北部の基隆《キールン》を占領して、ここにサン・サルバドル城を築き、つづいて淡水《たんすい》にサント・ドミンゴ城を築いた。しかしスペイン人は一六四二年になって、オランダ人に追い出され、オランダ人が台湾全島を支配するようになった。オランダ人は先住民にキリスト教を布教したので、その副産物として、先住民の言葉をアルファベットで書く方法が開発された。台湾の特産はシカで、毎年、先住民が集めた多量のシカ皮とシカの角が日本に輸出され、大きな収益をあげた。

オランダ人は食糧調達のため、海峡の対岸の福建省から、中国人農民を台湾に呼び寄せて、開墾に当たらせた。中国人が台湾に住み着くようになったのはこれからのことで、オランダ人について入ったのである。

このころ満洲人が北京に入り、中国大陸の南部では、明朝の皇族たちがこれに抵抗したが、その一人が魯王《ろおう》で、福建省の沖合の島々を本拠とした。その魯王をかついだのが、有名な国姓爺、鄭成功(一六二四〜一六六二年)である。

鄭成功の父、鄭芝龍《ていしりゅう》は、中国人海賊(倭寇)の大親玉で、長崎県の平戸の田川七左衛門《たがわしちざえもん》の娘と結婚した。二人のあいだに生まれた混血児が鄭成功で、日本名を福松《ふくまつ》といった。鄭芝龍は最初、明朝の皇族たちの復興運動に肩入れしたが、やがて見切りをつけて清朝側についた。息子の鄭成功のほうはずっと魯王をかついで、福建省の沿岸で活躍した。しかし形勢がだんだん悪くなったので、鄭成功は方向を転じて、一六六一年、二万五千の兵を率いて海峡を渡り、台南に上陸してプロヴィンシア城とゼーランディア城を攻め落とし、オランダ人を降伏させ、台湾から追い出した。

もてあました台湾統治

鄭成功は台湾占領の翌年、死んだが、その息子・鄭錦《ていきん》と、孫・鄭克塽《ていこくそう》は、台南に政権を建てて、二十三年間、大陸を支配する満洲人の清朝から独立を保った。一六八三年にいたって、清軍が台湾に侵攻し、鄭克塽はこれに降伏した。

清朝は台湾に三つの県城をおいたが、これは鄭氏三代のような海賊の再発防止が目的だったので、中国人の台湾渡航を厳重に制限した。それでも、人口過剰の福建省からは密航者が絶えなかった。鄭氏の残党のやくざの地下組織と、着の身着のままで密航してきた羅《ロー》漢脚《ハンカー》と呼ばれる大量の浮浪者のせいで、台湾の治安は極端に悪く、三年に一度の小反乱、五年に一度の大反乱といわれるほど、騒動が頻繁におこった。なかでも、一七二一年の朱《しゅ》一貴《いっき》の乱と、一七八六年の林爽文《りんそうぶん》の乱は規模が大きく、台湾全島が反乱軍の手に落ちた。

台湾の治安の悪さは、中国人入植者どうしの仲が悪く、土地を奪い合って械闘《かいとう》と呼ばれるはげしい戦争をくりかえしたためである。台湾に移住した福建人には二種類があり、泉州市の一帯から渡ってきた人と、厦門《アモイ》市の一帯から渡ってきた人は、たがいを余所者《よそもの》扱いする。さらに広東省の東部の汕頭《スワトウ》市の一帯からの移民も、福建語の系統ではあるが、かなりちがう方言の潮州語《ちょうしゅうご》を話す。この泉州人、厦門人、潮州人は、たがいに仲が悪かった。

このほかに、客家《ハッカ》と呼ばれる人びとがある。客家の本拠は広東省の東北の隅の梅《ばい》県だが、もともとは、十三世紀のモンゴル時代から華北の山西省より南下をはじめた人びとで、話す言葉は中国語の山西方言である。客家の言葉は福建人にはまったく通じないし、生活様式もちがう。

こういった複雑な事情のために、清朝は台湾をもてあまし、開発など考えもしないまま、二百年がたったのである。

五　清朝の領土拡大――新疆

ジューンガルとの国境画定

康熙帝は、一七二二年に死んだ。帝位を継いだのは世宗雍正帝《ようせいてい》（在位一七二二～一七三五年）である。

青海ホシュートのロブサンダンジンは、一七二三年、清朝からの独立を企てて兵をあげ、ダライ・ホンタイジと自称したが、翌年、清軍に平定された。ロブサンダンジンはジューンガルに亡命した。これを機会に、青海は完全に清朝の領土となり、青海のオイラト人は、ことごとく雍正帝の臣下となった。

一七三五年、清朝とジューンガルとのあいだに国境画定の交渉が開かれたが、協定に達しないうちに雍正帝が死んで、高宗乾隆帝《けんりゅうてい》（在位一七三五～一七九六年。一七九九年死）が継いだ。一七三九年にいたってやっと協定が妥結し、ジューンガルの牧地はアルタイ山以西、ハルハの牧地はハンガイ山のブヤント河以東とすることになった。

一七四五年、ガルダンツェリンが死んで、その子のツェワンドルジナムジャルがホンタイジとなったが（在位一七四五～一七五〇年）、それとともにジューンガル王国の運命は急速に下り坂をたどった。ツェワンドルジナムジャルの庶兄ラマ・ダルジャは一七五〇年、兵をあげてそむき、ホンタイジを捕えて両眼をくり抜き、東トルキスタンに幽閉して、みずからホンタイジとなった。ラマ・ダルジャはジューンガルの王族を迫害した。一族のダワチはカザフに逃れ、一七五三年、イリにラマ・ダルジャを襲って殺し、みずからホンタイジとなった（在位一七五三～一七五五年）。

ダワチと行動をともにしたホイト部族のアムルサナーは、ツェワンラブタンの娘の子であったが、ダワチの即位後これと不和になり、一七五四年、清に亡命した。同時にドルベト部族の三チェリンと呼ばれる首領たちも清に亡命してきたので、乾隆帝はこの機会を利用して一挙にジューンガル問題を解決しようと計画し、一七五五年、清軍を二路にわけて、北路軍はウリヤスタイから、西路軍はバルクルから進発させた。アムルサナーは北路軍の副将軍に任命された。清軍はほとんど抵抗を受けずにイリに達し、ダワチ・ホンタイジは逃亡してカシュガルにむかったが、ウシュの人に捕えられて清軍に引き渡され、北京に送られた。

こうしてジューンガル王国が滅びたあと、乾隆帝はドルベト、ホシュート、ホイト、チョロース（ジューンガル）のオイラト四部族にそれぞれハーンを立て、アムルサナーをホイトのハーンにする予定であった。しかしアムルサナーは全オイラトのホンタイジとなることを希望し、それが容れられなかったので、兵をあげて独立を宣言した。このときまでに清軍はごく少数を残して引き揚げていたので、ジューンガル王国の故地は容易にアムルサナーの手に落ちた。

全モンゴル系種族の支配

一七五六年、清軍はふたたびイリに入り、アムルサナーはカザフに逃れて抵抗をつづけた。一七五七年、乾隆帝はジョーホイを伊犂《イリ》将軍に任じて進軍させた。アムルサナーは逃れてシベリアにはいり、ロシア人の保護のもとにトボリスクに滞在したが、そこで天然痘にかかって死んだ。

たびかさなる反抗に手を焼いた清軍は、報復の手段としてオイラト人の大虐殺に訴え、そのうえ清軍にもちこまれた天然痘の大流行で、オイラトの人口は激減し、イリ渓谷はほとんど無人の地となった。乾隆帝はその地に満洲人・シベ人・ソロン人・ダグール人の屯田兵を入植させた。一七五九年、天山の南の東トルキスタンも清朝に征服されて、清帝国の領土は最大限に達した。

これより先、オイラトのトルグート部族は、ホー・オルロクの指導のもとに、一六二八年、西方へむかって移動を開始し、一六三〇年にはヴォルガ河に達し、ノガイ人を征服した。ホー・オルロク自身は、一六四四年、逃げたノガイを追ってコーカサス山中のカバルダに攻めこみ、ここで戦死したが、その長子シクル・ダイチンが部族長となり、一六五六年、ロシアのツァーリ、アレクセイ・ミハイロヴィチと同盟した。シクル・ダイチンのあとを継いだその子プンツォクは、一六七〇年にホシュートのオチルト・チェチェン・ハーンの弟アバライに殺され、プンツォクの長子アユーキがトルグート部族長となった。

ヴォルガ河畔の草原の新たな支配者となったトルグート部族は、アユーキの時代にその最盛期を迎えた。オスマン・トルコやスウェーデンとの戦争に際して、ロシアに騎馬隊を提供した見返りに、アユーキは莫大な富を得た。

アユーキはハーンと称し、半世紀にわたって在位したが、一七二四年に八十三歳で死ぬとともに、王位継承の内紛がおこった。アユーキ・ハーンは若い息子ツェレンドンドクを後継者とするつもりであったが、アユーキの妃ダルマバラ・ハトンが再婚したアユーキの孫ドンドクオンブが実力では勝っていた。ロシアの介入でツェレンドンドクがハーンとなったが、国内は安定せず、一七三五年、ドンドクオンブがクバンからヴォルガに進軍してくると、ツェレンドンドクはペテルブルグに亡命し、ドンドクオンブがハーンとなった。ロシアもこれを承認した。

ドンドクオンブ・ハーンは一七四一年に死に、またも紛争がおこったが、結局、アユーキ・ハーンの孫ドンドクダシが継いだ。ドンドクダシ・ハーンは一七六一年に死に、その子のウバシが十七歳でハーンとなった。ロシアはハーンの力をそぐために、ドンドクオンブ・ハーンの孫ツェベクドルジを、トルグートのジャルグチ会議の議長に任命した。これに不満なウバシ・ハーンは、一七七一年、トルグートの大多数を率いてヴォルガ河畔を離れ、イリに達して清朝の保護を受けた。

こうして、バイカル湖の東のブリヤート人と、ヴォルガ河の西に残ったトルグート人(カルムィク人)をのぞいて、あらゆるモンゴル系の種族は、清の皇帝の臣下となった。

六　北京語の発達

現代中国語のルーツ

北京地方は、前にいったように、古くから北アジア・東北アジアの諸民族と漢族の接点であり、九三六年以後は、燕雲十六州の一中心として、南モンゴル、山西省北部ととくに密接な関係をもった。この時代から、北京の土語は山西方言圏に属したと思われるが、十三世紀に北京が元朝の首都となると、その創立者世祖フビライ・ハーンが最初に中国にもった私領が西安であったことから、山西方言の基層の上に陝西方言の要素がかぶさることとなった。明代に入ってもこれは変わらなかったが、清朝に入って山東方言がとってかわって北京の漢語となる。

　これより先、遼寧省の遼河《りょうが》デルタの地は、金末の戦乱で無人の地と化し、モンゴル人は平壌を中心とする高麗北部の民をここに移して定住させた。明代に入っても遼河デルタの住民は高麗系であったが、その言語は、この地方が明の山東都指揮使司の軍政下にあったために山東方言が通用していた。満洲族のヌルハチは、一六二一年、遼河デルタを占領して、ここに満洲族のもとに、モンゴル族、漢族を統合した国家（後金国）を建設した。これが清朝の原型となるのであるが、その漢族は、元朝以来の高麗系の住民の漢化したもので、三つの種族の共通語は、やはり山東方言であった。そういうわけで一六四四年の清朝の入関とともに、北京の内城に入居した満・蒙・漢の八旗の旗人たちは、彼らの共通語である満洲語と山東方言のちゃんぽんの言語を話しつづけた。これが「官話」である。この官話のうち、一九一一～一九一二年の辛亥《しんがい》革命で清朝が倒れて満洲語が廃絶したあとに残された、山東方言を基礎とする漢語の要素が、いわゆる北京方言となり、これが現在の「普通話」（「国語」）の基礎となったのであって、その意味では、現代の「中国語」はかつての『切韻《せついん》』音の系統ですらなく、まったくアルタイ系の諸民族のあいだに生まれ育ったものなのである。

七　人口の爆発

人口増と華僑の移住

中国史の第三期前期に六千万人の水準を上下していた中国の人口は、後期に入って清朝の統治のもとに社会が安定するとともに、急激な勢いで増加を開始した。十八世紀のはじめ、清の康熙帝の時代の末に一億の線を突破したようで、一七二六年には二億、一七九〇年には三億、一八三四年には四億とふえつづけ、四億人台でしばらく足踏みをしたが、一九四九年の中華人民共和国の成立以後は、あれよあれよという間に、五億、六億という数字が出て、一九八〇年代には十億の線に達し、二〇〇二年には十二億八千四百五十三万人の統計が出ている。十二億はともかく、四億でさえ、中国の土地と技術、社会システムが支えうる限度をはるかに超えた人口過剰であって、現在の中国のあらゆる困難な問題はすべてこの極端な人口過剰に原因が求められることはいうまでもあるまい。

この人口増加の原因は、一四九二年のコロンブスのアメリカ発見にさかのぼる。十六世紀以後、アメリカ大陸起源の農作物が、中国にぞくぞくと渡来した。トマト、トウガラ

アジア海域の華僑の集散地
○華僑の出発港
●華僑の到着地
寧波
福州
泉州
漳州
広州
マカオ（媽港）
潮州
安平
琉球
トンキン
（東京）
ハイフォン
ペグー
シャム（暹羅）
アユタヤ
バンコク
安南
フェフォ
呂宋（ルソン）
マニラ
カンボジア
（柬埔寨）
交趾
チャンパ
（占城）
アチェー
パタニ
ミンダナオ
マラッカ
ジョホール
スマトラ
ボルネオ
バンジェルマシン
バンタム
デマク
マカッサル
モルッカ諸島
バタヴィア
ジャワ島
マタラム

シ、アヴォカド、カボチャ、ピーマン、ナンキンマメ、トウモロコシ、ジャガイモ、サツマイモ、タバコなどである。これらのうち、トウモロコシ、ジャガイモ、サツマイモは、新しいカロリー源として中国農民によってさかんに栽培され、それによって多くの人びとが飢餓から救われたのである。

十八世紀からの人口の急激な増加は世界に共通の現象だが、中国ではことに深刻で、これが華僑《かきょう》の海外進出の一因にもなっている。とにかくこの人口過剰現象は、中国史の第三期後期にいたって、中国のこれ以上の成長が不可能になると同時におこったのである。

華南の開発の完成と人口の増加の結果、十八世紀から東南アジアへの大規模な華僑の移住がはじまった。最初に進出したのは福建人で、それに潮州人、海南人、客家人、広東人がつづき、この時代の末には移住先も東南アジアから、オーストラリア、オセアニア、アメリカ、西インド諸島などにまでひろがった。

八　反乱の続発

天理教の乱

一七九六年、乾隆帝が退位して、仁宗嘉慶帝《かけいてい》（在位一七九六〜一八二〇年）が後を継ぎ、一七九九年、乾隆帝が死んだ。この時期から、反乱が各地でおこりはじめる。

一七九五年、貴州省《きしゅう》の銅仁《どうじん》（松桃《しょうとう》ミャオ族自治県）の苗人《ミャオ》石柳鄧《せきりゅうとう》が反乱をおこし、湖南省、貴州省、四川省にひろがった。この乱は十二年つづき、最後は清軍に鎮圧された。

一七九六年、白蓮教徒《びゃくれんきょうと》の王聡児《おうそうじ》、姚之富《ようしふ》らが湖北省の襄陽（襄樊市《じょうはん》）で反乱をおこし、四川省などで白蓮教徒たちがつぎつぎと呼応した。一七九七年、王聡児、姚之富らは兵を率いて河南省に進攻し、勢力を強めて陝西省に入り、一七九八年、西安を攻めたが失敗し、王聡児らは自殺した。四川省の白蓮教徒はその後も戦いをつづけたが、一八〇四年、清軍に完全に鎮圧された。この乱は九年におよび、湖北省、四川省、河南省、陝西省、甘粛省を巻きこんだ。

一八一三年、天理教《てんりきょう》の乱がおこった。天理教は白蓮教の一派で、またの名を八卦教《はっけきょう》ともいい、河北省、河南省、山東省、山西省に信者が多く、宮中の宦官のなかにも信者がいた。河南省の滑《かつ》県の李文成《りぶんせい》、北京市の大興《たいこう》県の林清《りんせい》が教主で、九月十五日に一斉に兵をおこすことを計画していたが、事前にこの計画がもれ、李文成は捕えられて投獄された。滑県の天理教徒は計画を繰り上げて反乱をおこし、県城を占領して李文成を救出した。林清は計画どおりに、九月十四日、二百人あまりの信徒を率い、信者の宦官の手引きで、東華《とうか》門《もん》と西華門《せいかもん》から宮中に攻め入った。このとき嘉慶帝は熱河の避暑山荘にいた。次男の綿寧《めんねい》(のちの道光帝《どうこうてい》)が上書房《じょうしょぼう》にいたが、変を聞いて小銃を手にして応戦した。北京にいた諸王と大臣たちは、すぐに近衛軍を動員して敵を包囲し、天理教徒と内通した宦官を逮捕した。林清は大興県の黄村《こう》にあるかれの住所で捕えられ、九月二十三日に処刑された。李文成は滑県で清軍に包囲され、脱出して輝《き》県の山中に逃げこんだが、最後はみずから火を放って死んだ。

阿片戦争と太平天国の乱

一八二〇年、嘉慶帝が死に、宣宗道光帝(在位一八二〇〜一八五〇年)があとを継いだ。その治世に、イギリスとのあいだに、第一次阿片《あへん》戦争がおこった。

一八四〇年六月、ジョージ・エリオットの率いる艦隊は、広州《こうしゅう》市付近の海域に入り、七月、浙江《せっこう》省の定海《ていかい》を占領し、八月、天津《てんしん》港にいたった。道光帝は驚きあわてた。一八四一年一月二十六日、イギリス軍は正式に香港《ホンコン》を占領した。イギリス政府はエリオットを召還し、かわってヘンリー・ポティンジャーを派遣した。ポティンジャーは南京に迫って、

阿片戦争(東洋文庫)

一八四二年八月二十九日、南京条約を締結し、二千百万元の賠償、香港の割譲、広州、福州、厦門《アモイ》、寧波《ニンポー》、上《シャン》海《ハイ》の開港、公平な協議による関税協定を清朝に認めさせた。ついで一八四三年十月八日、虎門《こもん》条約を締結し、清朝に、イギリスの領事裁判権と最恵国待遇、イギリス人の通商港における借地権と住居権を認めさせた。これが端緒となって、清朝はアメリカとのあいだに望厦《ぼうか》条約(一八四四年七月三日)、フランスとのあいだに黄埔《こうほ》条約(一八四四年十月二十四日)を締結し、同様の権利をアメリカ人とフランス人にも認めた。

一八五〇年、道光帝は死に、文宗咸豊帝《かんぽうてい》(在位一八五〇~一八六一年)があとを継いだ。その治世には、太平天国《たいへいてんごく》の乱と、第二次阿片戦争がおこった。

太平天国を建てた洪秀全《こうしゅうぜん》は、広東省の花《か》県の客家で、自分は天帝の息子でイエスの弟であると宣言し、一八五一年一月十一日、花県の金田村《きんでんそん》に信者を集めて太平天国を建国し、九月二十五日、永安州《えいあんしゅう》（広西チワン族自治区の蒙山県《もうざん》）を陥れた。洪秀全は天王《てんおう》と称し、楊秀清《ようしゅうせい》を東王《とうおう》、馮雲山《ふううんざん》を南王《なんおう》、蕭朝貴《しょうちょうき》を西王《せいおう》、韋昌輝《いしょうき》を北王《ほくおう》、石達開《せきたつかい》を翼王《よくおう》とした。半年後、清軍が永安州を包囲したが、太平軍は突破して北上した。南王馮雲山、西王蕭朝貴は戦死したが、太平軍は湖南省、湖北省、江西省、安徽省を経て、浙江省の南京に入り、一八五三年三月二十九日、これを太平天国の首都と定め、天京《てんけい》と改称した。一八五六年、太平天国は全盛期を迎えたが、ここで内紛がおこり、最初の諸王のうち、東王楊秀清と北王韋昌輝は殺され、翼王石達開だけが残った。一八六三年春、石達開の太平軍は四川省に入り、五月、大渡河畔において清軍に包囲された。石達開は清軍に降り、六月二十五日、斬られた。洪秀全はみずから軍を率いたが、心配と疲労から病気になり、一八六四年六月三日、死んだ。十六歳の息子の洪天貴《こうてんき》があとを継いで幼天王《ようてんおう》となったが、七月十九日、天京は清軍のために落城し、秦淮河《しんわいが》は太平軍の死体で埋まった。ここに太平天国の乱は終わった。

一八五六年十月、アロー号事件を皮切りに、イギリス・フランスが連合軍を組織して、第二次阿片戦争がはじまり、一八五七年の末、広州を陥れた。一八五八年、連合軍は大沽《タークー》の砲台を攻め落とし、咸豊帝はあわててロシア、アメリカ、イギリス、フランスと天津条約に調印した。翌一八五九年、条約の批准交換の期限が来たが、イギリス、フランス、アメリカは清朝に指定されたルートで北京に入ることを拒絶され、大沽で交戦した。一八六〇年、イギリスとフランスはふたたび連合軍を組織し、大沽、天津を陥れた。咸豊帝は避暑山荘に逃げ去った。連合軍は北京の円明園《えんめいえん》を焼き、十月十三日、北京を陥落させた。清朝は、イギリス、フランスとのあいだの北京条約に調印した。

両太后の執政

一八六一年八月二十二日、咸豊帝が避暑山荘で死に、穆宗同治帝《ぼくそうどうちてい》（在位一八六一〜一八七五年）があとを継いだ。咸豊帝の皇后・東太后（慈安《じあん》皇太后）と、同治帝の生母・西太后（慈禧《じき》皇太后）は共謀して、北京に帰ると同時に、咸豊帝の遺命を受けた八大臣の筆頭の粛《しゅく》順《じゅん》を斬首し、怡《い》親王載垣《さいえん》、鄭《てい》親王端華《たんか》（粛順の父）に自殺させ、他の五大臣を免職と流刑にした（辛酉《しんゆう》の政変）。これより両太后の摂政がはじまった（同治の中興）。

これより先、一八五三年、太平天国が南京に都を定めると、湖南省の湘郷《しょうきょう》県で母の喪に服していた曾国藩《そうこくはん》は、湘勇《しょうゆう》と名づける義勇軍を組織した。最初はなんども挫折したが、一八五六年十二月十九日、ついに太平軍から武昌《ぶしょう》（武漢《ぶかん》市）を回復した。一八五七年二月二十七日、曾国藩の父が死に、曾国藩は一時隠退したが、その部将はかれの計画に従って、一八五八年五月十九日、江西省の九江《きゅうこう》を回復した。一八六〇年、清朝は曾国藩に両江総督を授け、これから曾国藩ははじめて実権を持つようになった。一八六一年九月五日、曾国藩の弟曾国荃《そうこくせん》の率いる湘勇は、安徽省の安慶《あんけい》を奪回し、一八六四年七月十九日、南京を占領した。つまり、かれらのおかげで太平天国の乱が終わったのである。

李鴻章《りこうしょう》（安徽省の合肥《がっぴ》県の人）は、一八六一年、曾国藩の命令を受けて、郷里の安徽省にもどって、湘勇をまねて淮勇《わいゆう》を組織し、翌一八六二年、汽船で上海に行って、安慶に駐する曾国藩と協力を計り、チャールズ・ジョージ・ゴードンの常勝軍の助けを受けた。一八六四年、天京が陥落して太平天国の乱が終わると、李鴻章は清朝に表彰された。

西太后

一八五三年、安徽省の蒙城《もうじょう》県の雉《ち》河集《かしゅう》（渦陽《かよう》県）で、白蓮教系の武装集団、捻軍《ねんぐん》がおこり、張楽行《ちょうらくこう》を盟主とした。一八五七年、捻軍は、霍丘《かくきゅう》城の外で太平軍と合流し、洪秀全は張楽行を沃王《よくおう》に封じた。一八六五年五月十八日、ホルチン左翼後旗のボドルガタイ親王センゲリンチンは、清軍を率いて山東省の曹州《そうしゅう》

（菏沢《かたく》県）に進攻した。捻軍は高楼塞《こうろうさい》に待ち伏せ、センゲリンチンを斬り殺し、全軍を覆没させた。清朝は城に閉じこもって捻軍に食糧を与えない戦術をとり、その結果、一八六八年、捻軍は山東省の黄河と徒駭河《とがいか》のあいだで清軍に包囲され、敗れて全員殺された。

一八七三年、同治帝は親政をはじめることになったが、母の西太后は政権を握ったまま放さなかった。同治帝は悶々として、宦官の手引きで変装して宮中を抜け出し、北京の南城の遊郭で遊び、過度の享楽で病を得、一八七五年一月十二日、死んだ。醇《じゅん》親王奕譞《えきかん》の息子の載湉《さいてん》があとを継いだ。これが徳宗光緒帝《こうしょてい》（在位一八七五〜一九〇八年）である。

一八八一年、東太后が死んだ。西太后は、ひとりで権力をふるえるようになった。

九　国民国家へ

「満漢一家」への道

ところで、国民国家の時代が、いよいよ満洲人の清帝国に押し寄せたのは、阿片戦争から二十年以上おくれた、一八六二年のことである。この年、陝西省で、中国語を話すイスラム教徒(回族)と、中国人(漢族)の衝突がおこった。これがきっかけになってイスラム教徒の大反乱がはじまり、それが甘粛省へ、東トルキスタン(新疆ウイグル自治区)へと波及し、さらにトルコ語を話すイスラム教徒(ウイグル族)が反乱に参加したので、東トルキスタンはすべて反乱軍の手に落ちた。やがて西トルキスタンのコーカンド(ウズベキスタン)からヤアクーブ・ベクという英雄がやってきて、東トルキスタンのカシュガル(喀什市)にイスラム教の神政王国を建てたので、清朝の支配は中央アジアにおよばなくなった。

これに対して清朝側では、太平天国の乱の鎮圧に功績を立てた左宗棠《さそうとう》が、「東トルキスタンを取り返せなければ、モンゴルをつなぎとめられない。モンゴルをつなぎとめられなければ、清朝はもうおしまいだ」と主張して、自分の湘勇を率いて東トルキスタンの平定にむかい、一八七七年にカシュガルを陥れて、イスラム教徒の反乱を十六年ぶりに鎮圧した。清朝は、左宗棠の意見を採用して、一八八二年、東トルキスタンに中国式の行政機関である新疆省をおき、一八八四年、左宗棠の甥の劉錦棠《りゅうきんとう》を長官(巡撫《じゅんぶ》)に任命した。

一八八四年、劉錦棠が新疆巡撫を命じられたと同じ年に、ヴェトナムの保護権をめぐって、清朝とフランスのあいだに清仏戦争がおこった。この戦争で、フランス艦隊は清の福州港の艦隊を撃滅し、台湾を封鎖した。これに衝撃を受けて、清朝は翌一八八五年、中国式の台湾省を設置した。台湾はそれまで中国の一部ではなく、東トルキスタンと同じような辺境として扱われていたのである。

この新疆省と台湾省の設置で、清帝国の性格は根本から変わった。漢族が辺境の統治に関与するのは、清朝ではこれがはじめてである。それまでは、満洲族がモンゴル族と連合して、漢族を統治し、チベット族とイスラム教徒を保護するたてまえだったのが、それからの満洲族は、連合の相手を漢族に切り替えて、「満漢一家」の国民国家への道に一歩を踏み出すことになる。それまで多種族の連合帝国だった清朝は、これで決定的に変質したわけで、モンゴル族やチベット族は、満洲族に裏切られたと感じた。モンゴルやチベットで、二十世紀のはじめになって、清朝から独立しようという機運が動き出したのは、この不満が原因である。

第八章　中国以後の時代

——日本の影響

栄光ある孤立の終わり

前二二一年の秦の始皇帝による統一が中国の歴史の出発点であり、それ以前が中国以前の時代であったのと同じように、中国以後の時代というものもある。中国人にとって、歴史が中国の範囲だけに限られた現象でなくなり、国境を越えた外でのできごとによって中国の運命が決定されるようになった時代が、中国以後の時代である。そのわけめとなったのが、一八九五年の日清戦争（一八九四〜一八九五年）の敗戦であった。

それだけではない。この日清戦争を契機として、中国の社会と文化は急激な変質をとげ、秦の始皇帝の統一以来、二千百年を超す伝統のシステムを放棄して、そのかわりに欧米のシステムを採用した。しかもその欧米システムは、日本においてすでに漢字文化になじむように消化されたシステムであった。そのために、これまで蓄積されてきた漢字語の体系は全面的に放棄され、新たに日本製漢語を基礎とした共通のコミュニケーション・システムが生まれることになった。これが現代漢語の起源である。ここにいたって中国の歴史は独立性を失ない、世界史の一部、それも、日本を中心とする東アジア文化圏の一部に組みこまれなければならなかった。これが中国以後の時代である。

これまでみてきたように、「中国」という観念の内容は、首都の城郭の内側という最初の意味から、漢字によるコミュニケーションの通用する範囲、首都からの軍事的・経済的コントロールのおよぶ範囲にまで拡大し、さらに元の世祖フビライ・ハーンの統一以後、漢字文化圏とそれ以外の地域の両方をふくむまでに拡大した。そうした中国の観念が定着したのは、満洲族のたてた王朝の支配する清帝国の時代であったが、この時代になると、シベリアにロシア人が進出してきたために、少なくとも北方においては、国境を画定する必要が生じ、一六八九年に清の康熙帝がロシアのピョートル大帝と結んだネルチンスク条約において、はじめてはっきりした国境をもつ領土国家の観念がめばえた。それまで中国人には、「王化」、すなわち皇帝の権威のおよぶ範囲が中国だという観念はあっても、中国が四方を国境線に囲まれる一定のひろがりをもつ地域だという観念はなかったのである。

一八四〇年から一八四二年におよんだ阿片戦争で、清朝はイギリス人に敗れて開港を余儀なくされたが、これは伝統の中国的システムに打撃をあたえるにはいたらなかった。中国の長い歴史を通じて、外夷に敗れたことは数えきれないほどあったことだし、それになんといってもイギリスは遠く、イギリス人は少数で、中国人が脅威を覚える度合いは低かった。せいぜい洋式の武器を採用し、西洋人の技師を雇った程度であった。

ところが一八九四～一八九五年の日清戦争の敗戦は、中国人に深刻な衝撃をあたえた。わずか三十年前に西洋式のシステムを採用したばかりの日本、それも建国以来一貫して中国文化圏に属してきた日本が、当時最新の西洋式軍備を整えていた李鴻章の北洋軍を壊滅させたのである。これは中国の伝統的システムが、もはや通用しない時代になったことを、劇的に証明する事件であった。中国の栄光ある孤立の時代は終わった。

日本型近代化路線

日清戦争の敗戦とともに、中国はこれまでの伝統的システムを完全に放棄して、日本型の近代化路線に乗りかえた。これまで千三百年間、中国の指導者層を生みだしてきた科挙の試験は廃止され、そのかわりに、外国留学帰りの人びとを登用して官吏とすることになった。そのさい、留学生がもっとも多かった国は日本である。日本は一八六八年の明治維新以来、すでに三十年、一世代にわたって、欧米の新しい事物を表現する文体と語彙を開発しており、しかもそれらの基礎となったのは、日本で新たにつくられた漢字の組み合わせであった。こうした新しい文体と語彙は、清国留学生によって学ばれ、摂取され、吸収された。こうした新しい漢語は、中国人の言語のなかに大量に侵入し、それまで科挙の試験にともなって普及していた、古典に基礎をおいた文体と語彙を追放し、それにとってかわった。日本以外の欧米諸国に留学した中国人にとっても、新しい事物を伝えるコミュニケーションの道具としては、やはり日本式の文体と語彙だけしかなかった。こうした新しい漢語は、中国全土におびただしく設立した新式教育の学校において、日本人教師と日本留学帰りの人びとによってひろめられた。こうして、まず文法は旧来の古典的文法、語彙は日本製熟語の借用という、中間的な「時文《じぶん》」と呼ばれるものが発生して、官庁用語や新聞用語として使用されるようになった。

日清戦争の直接の産物のもう一つは、軍隊の日本化である。中国の近代化のために、まず強化されねばならなかったのが軍隊であって、清朝政府は中央と地方に新式、つまり日本式の陸軍を建設することに力をいれたが、そのさい、新軍の中核となったのは、日本の陸軍士官学校に留学した将校たちであった。一九一一〜一九一二年の辛亥革命は、こうした新軍の反乱によっておこり、結局、政権を奪ったのは、最大最強の新軍の兵力を指揮する軍閥、袁世凱《えんせいがい》であった。

中華民国の時代となって、中国人の意識には、日本の大正デモクラシーが強い影響をあたえた。北京の袁世凱系の政権にたいする日本政府の支配権も着々と強化した。そこへ一九一七年のロシア革命がロシア帝国の解体をもたらし、これまでロシア人に支配されてきた諸民族の独立運動が盛んになって、日本の帝国主義の支配下に組みこまれつつあった中国人に希望をあたえた。これをさらにおし進めたのが、第一次世界大戦後アメリカのウィルソン大統領が唱えた民族自決の原則である。結局、一九一九年のパリ講和会議において、山東省の旧ドイツ権益を日本が継承することになったのに抗議して、中国人のナショナリズム運動、五・四運動が爆発し、これ以後、日本に反対することを共通の指標とする中国人の民族意識が生まれることとなった。

ところが、これと同時に、中国語の日本化の極致というべき白話《はくわ》（口語）文が、一九一八年に『新青年』に掲載された魯迅《ろじん》の「狂人日記」によって生みだされたのは皮肉である。この作品をもって、新しい漢語が、およそ日本文学のテーマならばなんでも表現できる水準にまで達したのである。

中華人民共和国の成立

ロシア革命は、もう一つの影響として、孫文《そんぶん》の中国国民党のソ連化を生みだした。日本が一貫して北京の袁世凱系軍閥政権を支持し、中国の内政に干渉をつづけることに絶望した中国の民族主義者たちは、コミンテルンの指導下に行なわれた一九二四年の国共合作を機に広州の国民政府のもとに結集した。やがて一九二六年に、国民党左派の指導者蔣介《しょうかい》石《せき》の指揮下にはじまった北伐は、一九二八年にいたって北伐軍が北京に入城し、東北の張《ちょう》学良《がくりょう》はこれに協力して、国民政府による中国統一がはじめて実現した。

しかしこれをソ連および国際共産主義の勝利とみなし、中国赤化を憂えた日本は、一九三一年、満洲事変、一九三七年、支那《しな》事変をおこして、日本との衝突を回避しようとした

蔣介石夫妻（右）と張学良夫妻

蔣介石を抗日戦に追いこんでしまった。国民政府による中国統一を阻止しようという日本の意図は、結局は成功したわけで、一九四五年の日本の中国退去とともに、国民政府は中国共産党との内戦に突入し、一九四九年にいたって台湾に避難せざるをえなくなった。

中華人民共和国が成立したが、その翌年からはじまった朝鮮戦争で、中国はソ連の支援する北朝鮮に加担せざるをえず、いきおいアメリカの占領下にある日本とは隔離されることとなって、半世紀にわたった中国文化の日本化現象は一時中断された。しかしいかにこれまで日本の影響が強かったかというと、中国人が読むマルクシズム文献は、ことごとく日

※1978年の統計資料に基づく
漢族
チワン族
回族
ウイグル族
イ族
ミャオ族
満族
チベット族
モンゴル族
トゥチャ族
プイ族
カザフ族
キルギス族
その他の少数民族
新疆ウイグル自治区
チベット自治区
青海省
甘粛省
内モンゴル自治区
寧夏回族自治区
陝西省
山西省
河北省
北京市
天津市
山東省
河南省
四川省
重慶市
雲南省
貴州省
広西チワン族自治区
湖南省
湖北省
安徽省
江蘇省
上海市
浙江省
江西省
福建省
広東省
海南島
台湾
黒龍江省
吉林省
遼寧省
中華人民共和国の主要民族分布

本語版からの重訳であって、ロシア語からの直接の訳は、一九五〇年代になるまであらわれなかったことからもわかる。

中華人民共和国は、最初から多民族国家として出発した。すでに中央人民政府の成立前の一九四七年には内モンゴル自治区人民政府が発足しているが、これをはじめとして、広《こう》西《せい》チワン族自治区、寧《ねい》夏《か》回《かい》族《ぞく》自治区、新《しん》疆《きょう》ウイグル自治区、チベット自治区の五つの一級行政区が設置されたし、またもっと小さい自治州、自治県などが少数民族のためにつくられた。また戸籍にも各個人の属する民族が登録されることになったが、法規上、認定されている民族以外は、ことごとく漢族と区分されるのが実状で、たとえば中国籍を取った日本人は、日本族でなく、漢族として分類される。そのため漢族の定義は依然としてあいまいで、要するにどの少数民族にも属しない、という以上の意味はない。その結果、中国で「民族」といえば、少数民族、非漢族を指すものと理解されるのが普通である。

「四つの現代化」の意味するもの

中華人民共和国においては、少数民族の待遇、地位は、国家の正統性に直接、関係するものと理解され、その保護には注意がはらわれた。ところが一九六六年にはじまった無産階級文化大革命は、「四旧」の打破をスローガンにしたために、少数民族の固有の文化の破壊、急激な漢化を強制する結果となり、多くの少数民族は殺害され、迫害された。

しかし文化大革命が中国共産党と国家の組織を破壊した結果、林彪《りんぴょう》の率いる人民解放軍の勢力が強大になった。毛沢東《もうたくとう》と周恩来《しゅうおんらい》は軍を抑えるために、アメリカとの接近をはかり、一九七一年九月の林彪事件で軍の優位はくつがえされた。翌一九七二年二月のアメリカのニクソン大統領の中国訪問に刺激されて、同年九月、中国を訪問した日本の田中角栄総理大臣は日中国交正常化を実現し、ここに日本の中国にたいする影響が再開することになった。一九四五年以来、二十六年の中断であった。

一九七六年九月、毛沢東が死去し、一ヵ月後、文革派四人組が打倒されて、少数民族にとって災厄であった十年が終わり、翌一九七七年七月には鄧小平《とうしょうへい》の復帰が発表されて、中国は「四つの現代化」（農業・工業・国防・科学技術の四つの分野における近代化）路線を歩むことになったが、この現代化とは、実質的にはアメリカ化、日本化であった。日本は一九六〇年代に経済の高度成長に成功し、技術においてもアメリカに匹敵する水準に達していたから、日清戦争の直後と事情は似ていて、アメリカ化は日本化を促進する効果をもたらした。中国の実質的な日本文明圏への復帰である。

以上、述べてきたように、一八九五年以後の時代においては、中国人のアイデンティティは、日本型の文明によって形成されたものであったといえる。また中国人の民族意識も、日本の影響と、日本からの圧迫にたいする抵抗によって生じたものといってよかろう。これはもはや中国文明の世界ではない。日本文明の強い影響のもとに生まれ変わった、まったく新しい性格の中国とみるべきではなかろうか。

あとがき

私の定義では、「中国文明」は、紀元前二二一年の秦の始皇帝の中国統一にはじまり、一八九五年の日清戦争における日本の勝利、清国の敗北までを指す。それ以前の先秦時代には、もちろんまだ中国は成立していないし、それ以後の現代には、中国の伝統の文明は断絶し、それに代わって日本版の西洋現代文明の時代になった。それが現在でも続いている。

中国文明以前の時代は、蛮・夷・戎・狄の時代である。それが西戎出身の秦によって統一されたわけだが、その結果、漢字と都市と皇帝が出現して、それから二千年あまりもの長いあいだ、中国式の文明が中国の主流になった。

それでもいくつかの時代が区別される。第一の中国の時代は、紀元前二二一年の秦による統一から、五八九年に隋の文帝が陳を滅ぼして天下を統一するまでの、約八百年の時代である。ここで漢族の天下が、北族の天下へと変わってゆく、その変わり目の契機が一八四年の黄巾の乱である。この乱を境にして、前期の漢族は一気に激減して、それに代わって後期の北族が中国に入居し、やがて北族の天下となった。

第二の中国の時代は、五八九年の隋の統一から、一二七六年に元軍が南宋帝国の都の杭州に入城して、南宋の最後の皇帝・瀛国公がバヤンに降伏するまでの、約七百年である。この時代は、北族系の隋・唐・五代・宋の帝室が中国に君臨したが、そのうち北宋では「中華思想」を主張する議論が勢力を占め、当時のいわゆる「漢族」が実は「北族」である事実が不明瞭になった。しかしほんとうは、トルコ帝国・ウイグル帝国・契丹族の遼帝国・女直族の金帝国・モンゴル族の元帝国という新北族が勢力を得てきて、そのうち九三六年、遼の太宗が後唐の内紛に干渉して、後晋から燕雲十六州を得たときに、前期の旧北族が負け、後期の新北族が勝ったのである。

第三の中国の時代は、一二七六年のモンゴル族の元による統一から、一八九五年に満洲族の清が日本に敗れるまでの、約六百年である。この時代は、モンゴル帝国によって、東アジア・北アジア・中央アジア・南アジア・西アジア・東ヨーロッパの政治・経済が統一され、それがずっと現代まで続くのである。いいかえれば、ほんとうの意味の世界史がはじまった時代であるといってよい。そのうち一三六八年に生まれた宗教秘密結社系の明は、一見これに逆行する現象のように見える。しかし元は依然としてモンゴル高原に生存しており、またモンゴル帝国から分かれた諸国はユーラシア大陸に割拠していて、明はその一例であるに過ぎない。

ほんとうの第三の中国の前期と後期を分けるのは、一六四四年に明が滅亡し、満洲族の清が北京に入って中国に君臨した事件である。清は満洲・モンゴル・漢族・チベット・トルコ系イスラム教徒を政治的に統合する一方、各人種の経済を厳密に分断して、ほとんど元の統一を再現した。

一八九四〜一八九五年の日清戦争は、二千一百年を超す皇帝制度と中国文明の終わりを告げた事件であった。一八五四年に日米和親条約を結んでから、一八六八年に明治維新を経験した日本が、それから三十年も経たないうちに、かつての大国の清を破ったのである。清は衝撃を受けて日本型の現代化を決意し、多くの留学生を日本に送って西洋の新文化を学んだ。それ以来、中国は依然として日本を模倣し続けている。この時期の中国は、もはや独自の文明を持たない。「中国文明」の時代は、十九世紀で終わったのである。

この『中国文明の歴史』は、一九八三年に発表した「東アジア大陸における民族」の完全版である。もともと『民族の世界史5　漢民族と中国社会』（橋本萬太郎編、山川出版社）の一章として発表されたもので、行き届かない点が多かった。それにもかかわらず案外好評で、なんども重版されている。このたび「講談社現代新書」の発刊四十周年にあたり、「東アジア大陸における民族」の増補版の刊行を求められた。これに応えてできたのが本書である。

終わりに当たって、この『中国文明の歴史』の執筆を慫慂《しょうよう》された講談社の岡本浩睦氏、地図・図版の製作などをされた小山光氏、並びに本書の校正に努力した妻・宮脇淳子に感謝するとともに、本書が広く各方面の参考にされることを望むものである。

岡田英弘

二〇〇四年十一月

《地図作成資料》

p.34-35 『民族の世界史5　漢民族と中国社会』(山川出版社)

p.77, 95, 112, 130, 190(下) 『山川世界史総合図録』(山川出版社)

p.209(下) Mark Elliott, *The Manchu Way,* Stanford University Press, 2001, p.103

p.237 斯波義信『華僑』(岩波新書)

p.256 『概説　中国の少数民族』(三省堂) 附図

講談社現代新書　1761
中《ちゅう》国《ごく》文《ぶん》明《めい》の歴《れき》史《し》
二〇〇四年一二月二〇日第一刷発行　二〇二二年三月二五日第一四刷発行
著　者　岡《おか》田《だ》英《ひで》弘《ひろ》　© Hidehiro Okada 2004
発行者　鈴木章一
発行所　株式会社講談社
東京都文京区音羽二丁目一二―二一　郵便番号一一二―八〇〇一
電　話　〇三―五三九五―三五二一　編集（現代新書）
〇三―五三九五―四四一五　販売
〇三―五三九五―三六一五　業務
装幀者　中島英樹
印刷所　凸版印刷株式会社
製本所　株式会社国宝社
定価はカバーに表示してあります　Printed in Japan

N.D.C.222 264p 18cm
ISBN4-06-149761-8

「講談社現代新書」の刊行にあたって

教養は万人が身をもって養い創造すべきものであって、一部の専門家の占有物として、ただ一方的に人々の手もとに配布され伝達されうるものではありません。

しかし、不幸にしてわが国の現状では、教養の重要な養いとなるべき書物は、ほとんど講壇からの天下りや単なる解説に終始し、知識技術を真剣に希求する青少年・学生・一般民衆の根本的な疑問や興味は、けっして十分に答えられ、解きほぐされ、手引きされることがありません。万人の内奥から発した真正の教養への芽ばえが、こうして放置され、むなしく滅びさる運命にゆだねられているのです。

このことは、中・高校だけで教育をおわる人々の成長をはばんでいるだけでなく、大学に進んだり、インテリと目されたりする人々の精神力の健康さえもむしばみ、わが国の文化の実質をまことに脆弱なものにしています。単なる博識以上の根強い思索力・判断力、および確かな技術にささえられた教養を必要とする日本の将来にとって、これは真剣に憂慮されなければならない事態であるといわなければなりません。

わたしたちの「講談社現代新書」は、この事態の克服を意図して計画されたものです。これによってわたしたちは、講壇からの天下りでもなく、単なる解説書でもない、もっぱら万人の魂に生ずる初発的かつ根本的な問題をとらえ、掘り起こし、手引きし、しかも最新の知識への展望を万人に確立させる書物を、新しく世の中に送り出したいと念願しています。

わたしたちは、創業以来民衆を対象とする啓蒙の仕事に専心してきた講談社にとって、これこそもっともふさわしい課題であり、伝統ある出版社としての義務でもあると考えているのです。

一九六四年四月　野間省一

宗教

27 禅のすすめ——佐藤幸治
135 日蓮——久保田正文
217 道元入門——秋月龍珉
606 「般若心経」を読む——紀野一義
667 生命《いのち》あるすべてのものに　マザー・テレサ
698 神と仏——山折哲雄
997 空と無我——定方晟
1210 イスラームとは何か——小杉泰
1469 ヒンドゥー教　クシティ・モーハン・セーン　中川正生 訳
1609 一神教の誕生——加藤隆
1755 仏教発見!——西山厚
1988 入門 哲学としての仏教　竹村牧男
2100 ふしぎなキリスト教——橋爪大三郎　大澤真幸
2146 世界の陰謀論を読み解く——辻隆太朗
2159 古代オリエントの宗教　青木健
2220 仏教の真実——田上太秀
2241 科学vs.キリスト教——岡崎勝世
2293 善の根拠——南直哉
2333 輪廻転生——竹倉史人
2337 『臨済録』を読む——有馬頼底
2368 「日本人の神」入門——島田裕巳

Ⓒ

世界の言語・文化・地理

日本史Ⅰ

世界史Ⅰ

世界史Ⅱ

959 東インド会社――浅田實
971 文化大革命――矢吹晋
1085 アラブとイスラエル 高橋和夫
1099 「民族」で読むアメリカ 野村達朗
1231 キング牧師とマルコムX 上坂昇
1306 モンゴル帝国の興亡〈上〉――杉山正明
1307 モンゴル帝国の興亡〈下〉――杉山正明
1366 新書アフリカ史――宮本正興 松田素二 編
1588 現代アラブの社会思想 池内恵
1746 中国の大盗賊・完全版――高島俊男
1761 中国文明の歴史――岡田英弘
1769 まんが パレスチナ問題 山井教雄
1811 歴史を学ぶということ 入江昭
1932 都市計画の世界史――日端康雄
1966 〈満洲〉の歴史――小林英夫
2018 古代中国の虚像と実像 落合淳思
2025 まんが 現代史――山井教雄
2053 〈中東〉の考え方――酒井啓子
2120 居酒屋の世界史――下田淳
2182 おどろきの中国 橋爪大三郎 大澤真幸 宮台真司
2189 世界史の中のパレスチナ問題 臼杵陽
2257 歴史家が見る現代世界 入江昭
2301 高層建築物の世界史 大澤昭彦
2331 続 まんが パレスチナ問題 山井教雄
2338 世界史を変えた薬 佐藤健太郎
2345 鄧小平――エズラ・F・ヴォーゲル 聞き手＝橋爪大三郎
2386 〈情報〉帝国の興亡――玉木俊明
2409 〈軍〉の中国史――澁谷由里
2410 入門 東南アジア近現代史 岩崎育夫
2445 珈琲の世界史――旦部幸博
2457 世界神話学入門――後藤明
2459 9・11後の現代史 酒井啓子

日本語・日本文化

105 タテ社会の人間関係　中根千枝
293 日本人の意識構造——会田雄次
444 出雲神話——松前健
1193 漢字の字源——阿辻哲次
1200 外国語としての日本語——佐々木瑞枝
1239 武士道とエロス——氏家幹人
1262 「世間」とは何か——阿部謹也
1432 江戸の性風俗——氏家幹人
1448 日本人のしつけは衰退したか——広田照幸
1738 大人のための文章教室　清水義範
1943 なぜ日本人は学ばなくなったのか——齋藤孝
1960 女装と日本人——三橋順子
2006 「空気」と「世間」——鴻上尚史
2013 日本語という外国語　荒川洋平
2067 日本料理の贅沢——神田裕行
2092 新書　沖縄読本——下川裕治・仲村清司　著・編
2127 ラーメンと愛国——速水健朗
2173 日本人のための日本語文法入門——原沢伊都夫
2200 漢字雑談——高島俊男
2233 ユーミンの罪——酒井順子
2304 アイヌ学入門——瀬川拓郎
2309 クール・ジャパン!?　鴻上尚史
2391 げんきな日本論——橋爪大三郎・大澤真幸
2419 京都のおねだん——大野裕之
2440 山本七平の思想——東谷暁

P